David Wohlhart – Michael Scharnreitner – Elisa Kleißner

Mathematik für die 3. Klasse der Grundschule

Schülerbuch

HELBLING

Inhaltsverzeichnis

Inhaltsverzeichnis

So funktioniert dein Mathematikbuch

1 Bilde Mengen.

Jede Aufgabe hat eine Nummer. Daneben steht die Anweisung.

3 ★

Der Stern zeigt dir, dass eine Aufgabe besonders knifflig ist.

Bleib in Form!

Mathematik lernst du am besten, wenn du immer wieder übst. „Bleib in Form!" hilft dir dabei.

Plusrechnen, Tauschaufgabe

Bei der Eule findest du wichtige mathematische Begriffe.

Cedric und seine Freunde begleiten dich durch das Schuljahr.
Jedes Kapitel beginnt mit einem Bild aus ihrer Abenteuergeschichte.

1 Schau das Bild genau an und beantworte die Fragen.

> Das Schloss hat 100 Zimmer.
> Die Angestellten bewohnen 40 davon.
> Ihr könnt euch aussuchen, in welche
> der freien Zimmer ihr einziehen wollt.

a) Wie viele Zimmer hat das Schloss?

b) Wie viele Zimmer sind noch frei?

c) In jedem Turm stehen 5 Stühle.
   Wie viele Stühle stehen in allen Türmen zusammen?

d) Das Schloss hat auf jeder der vier Seiten gleich viele runde Fenster.
   Wie viele runde Fenster sind das insgesamt?

e) Von den 40 Personen, die im Schloss arbeiten, sind die Hälfte Frauen.
   Wie viele Männer arbeiten im Schloss?

2 Schreibe die Aufgaben fertig und löse sie.

a) Im Dachboden des Westturms wohnen 30 Fledermäuse.
   Im Dachboden des Ostturms wohnen …

b) Im Obstgarten stehen 24 Apfelbäume …

c) In der Waffenkammer findet man …

d) Der Thronsaal hat vier hohe Wände.
   An jeder Wand hängen …

e) Im Stall stehen …

f) Der Hofbäcker bäckt jeden Tag …

3 Denke dir selbst Fragen aus und
schreibe sie mit den passenden
Rechnungen und Antworten in dein Heft.

> Von den 20 Fenstern sind 6 rund,
> die anderen sind eckig.
> F: Wie viele Fenster sind eckig?

Sachaufgaben lösen, Sachaufgaben erfinden
1) Abenteuergeschichte ▶ LH

1. Herzlich Willkommen!

1 Welche Zahlen sind dargestellt?

Z ... Zehner
E ... Einer

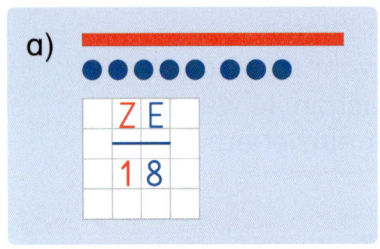

a)

Z	E
1	8

b)

c)

d)

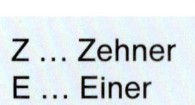

e)

f)

2 Stelle die Zahlen dar.

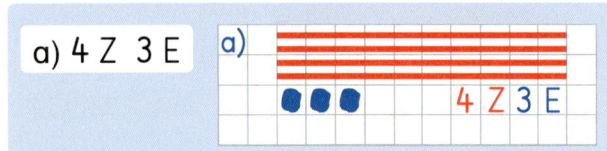

a) 4 Z 3 E

a)

4 Z 3 E

b) 5 Z 2 E   d) 8 Z 4 E

c) 1 Z 7 E   e) 6 Z 9 E

größer, kleiner, gleich

ist kleiner als

ist gleich

ist größer als

3 Setze <, > oder = richtig ein.

35 ◯ 53	40+20 ◯ 50	60−10 ◯ 50	60 ◯ 20+40
69 ◯ 70	30+70 ◯ 80	100−50 ◯ 60	20 ◯ 30+30
12 ◯ 12	80+10 ◯ 90	70−30 ◯ 40	90 ◯ 80+20
60 ◯ 49	40+40 ◯ 20	80−30 ◯ 30	50 ◯ 30+10

Bleib in Form!

4 Zähle in 5er-Schritten.

| 0 | — | 5 | — | 10 | — | 15 | — | 20 | — | 25 | ... |

| 100 | — | 95 | — | 90 | — | 85 | — | 80 | — | 75 | ... |

Darstellung und Vergleich von Zahlen im Zahlenraum 100
4) Der Abschnitt "Bleib in Form!" greift hier und auf jeder zweiten folgenden Seite grundlegende Fähigkeiten und Fertigkeiten wieder auf, die langfristig geübt werden sollen.

6

1. Herzlich Willkommen!

1 Rechne. Was fällt dir auf?

5+ 3= ☐   7- 4= ☐   1+ 8= ☐   9- 5= ☐   2+ 7= ☐

50+30= ☐   70-40= ☐   10+80= ☐   90-50= ☐   20+70= ☐

2 Ergänze immer auf den nächsten Zehner.

a) 36   b) 67   e) 43   h) 26   k) 87

a) 3 6 + 4 = 4 0   c) 25   f) 59   i) 95   l)   5

d) 78   g) 31   j) 18   m) 72

3 Rechne.

a) 3+74= ☐   c) 71+6= ☐   e) 2+43= ☐

6+21= ☐   3+46= ☐   1+85= ☐

52+ 4= ☐   24+ 3= ☐   32+ 6= ☐

b) 28+4= ☐   d) 6+47= ☐   f) 19+ 4= ☐

35+9= ☐   76+ 9= ☐   8+33= ☐

89+6= ☐   5+55= ☐   64+ 9= ☐

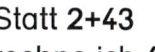
Tauschaufgabe

Statt **2+43** rechne ich **43+2**.

4 Rechne.

a) 64-3= ☐   c) 58-6= ☐   e) 79-2= ☐   g) 45-3= ☐   i) 26-6= ☐

97-5= ☐   23-2= ☐   94-3= ☐   57-4= ☐   32-2= ☐

b) 41-5= ☐   d) 30-2= ☐   f) 51-3= ☐   h) 91-6= ☐   j) 73-6= ☐

63-8= ☐   75-9= ☐   64-8= ☐   82-7= ☐   90-7= ☐

5 Würfelspiel: 35 – runter

Schreibe die Zahl 35 auf einen Zettel.
Wirf einen Würfel.
Zieh die geworfene Zahl ab.
Schreibe die neue Zahl auf den Zettel.

Würfle so oft, bis du genau auf 0 kommst.
Das Spiel kannst du auch mit anderen Kindern um die Wette spielen!

Rechnen im Zahlenraum 100, Verwenden von Tauschaufgaben
3) Fragen Sie die Kinder, ob ihnen die Tauschaufgabe leichter fällt.
5) Gruppenspiel: Wer weniger Würfe braucht, gewinnt.

7

1. Herzlich Willkommen!

1 Löse die Aufgaben.
Wie rechnest du?

a) 31+24=☐
62+17=☐
75+24=☐

b) 23+36=☐
45+31=☐
62+25=☐

c) 33+64=☐
11+72=☐
47+51=☐

d) 63+15=☐
43+26=☐
76+13=☐

e) 36+51=☐
32+32=☐
61+38=☐

2 Löse die Aufgaben.
Wie rechnest du?

a) 36−24=☐
58−51=☐
74−33=☐

b) 29−17=☐
94−72=☐
88−45=☐

c) 64−34=☐
90−76=☐
63−51=☐

d) 80−35=☐
37−12=☐
46−31=☐

e) 87−65=☐
95−93=☐
82−61=☐

3 Ein Hotel hat zwei Parkplätze.
Auf dem vorderen Parkplatz können 26 Autos parken,
auf dem hinteren nur 13.

a) Wie viele Parkplätze gibt es insgesamt?

b) Wie viel mehr Parkplätze gibt es vorne?

4 Ein Hotel hat zwei Stockwerke.
Im ersten Stock sind 34 Zimmer,
im zweiten Stock sind acht Zimmer weniger.

a) Wie viele Zimmer sind im 2. Stock?

b) Wie viele Zimmer hat das Hotel insgesamt?

> Einfache Skizzen helfen beim Rechnen!

5 Ein Hotel hat zwei Speisezimmer.
Im blauen Zimmer haben 46 Menschen Platz.
Das sind 14 Leute mehr, als im grünen Saal Platz haben.

a) Wie viele Leute haben im grünen Saal Platz?

b) Wie viele Leute können gleichzeitig speisen?

Bleib in Form!

6 Zeichne eine Musterzeile mit Gesichtern.

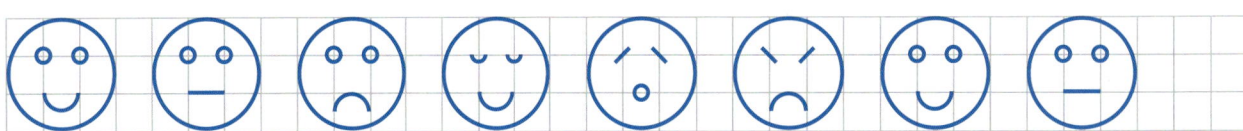

Rechnen im Zahlenraum 100, Sachaufgaben
1) 2) Partnerarbeit: Die Kinder beschreiben einander wechselseitig ihre Rechenstrategien.
4) 5) Fordern Sie die Kinder auf, eine Skizze anzufertigen.

1. Herzlich Willkommen!

1 Die Kinder rechnen die Aufgabe 34 + 19 auf verschiedene Weise.
Erkläre.

Nora

```
34+19= ?
34+10=44
44+ 9=53
    ⌣
    6 3
```

Aron

```
34+19= ?
30+10=40 ⎫
4+ 9=13 ⎬ 53
```

Linn

```
34+19= ?
34+20=54
54- 1=53
```

2 Löse die Aufgaben.
Wie rechnest du?

a) 28+14=☐
39+32=☐
65+15=☐

b) 77+16=☐
53+28=☐
64+19=☐

c) 49+35=☐
16+27=☐
38+46=☐

d) 35+17=☐
29+29=☐
63+28=☐

e) 12+19=☐
39+13=☐
75+18=☐

3 Löse die Aufgaben.
Wie rechnest du?

a) 40−16=☐
62−25=☐
91−53=☐

b) 75−38=☐
90−64=☐
53−47=☐

c) 62−25=☐
80−12=☐
67−19=☐

d) 94−68=☐
92−35=☐
44−26=☐

e) 40−23=☐
64−28=☐
73−57=☐

4 In der Klasse 3 a sind 24 Kinder.
In der Klasse 3 b sind fünf Kinder weniger.

a) Wie viele Kinder sind in der Klasse 3 b?

b) Wie viele Kinder sind in beiden Klassen zusammen?

5 Im Bus sitzen 43 Kinder.
Bei der Hofschule steigen 25 Kinder aus.

Wie viele Kinder sitzen noch im Bus?

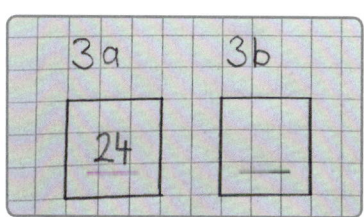

Für mich ist es leichter,
wenn ich eine Skizze mache!

6 Im Schulbus sitzen viele Kinder.
An der ersten Haltestelle steigen 17 Kinder aus,
an der zweiten 24. Jetzt ist der Bus leer.

Wie viele Kinder waren zu Beginn im Bus?

Rechnen im Zahlenraum 100 mit Zehnerüberschreitung, Sachaufgaben
1) Lassen Sie die Kinder ihre eigenen Rechenwege beschreiben.
2) 3) Partnerarbeit: Die Kinder beschreiben einander wechselseitig ihre Rechenstrategien.
5) 6) Fordern Sie die Kinder auf, eine Skizze anzufertigen.

1. Herzlich Willkommen!

1 Finde die Rechenpakete und setze sie fort.

a) In diesem Rechenpaket
bleibt die erste Zahl immer gleich,
die zweite Zahl wird immer um 2 größer.

34+4=☐

34+6=☐

a)	3 4 +	4	= 3 8
	3 4 +	6	= 4 0
	3 4 +	8	= 4 2
	3 4 + 1 0		= 4 4

c) In diesem Rechenpaket
wird die erste Zahl immer um fünf größer,
die zweite Zahl bleibt gleich.

15+21=☐

b) In diesem Rechenpaket
wird die erste Zahl immer um eins größer,
die zweite Zahl immer um 2 größer.

52+16=☐

d) In diesem Rechenpaket
wird die erste Zahl immer um eins kleiner,
die zweite Zahl wird immer um eins größer.

2 Beschreibe diese Rechenpakete.

a)
34+5=☐
35+5=☐
36+5=☐
37+5=☐

b)
27+10=☐
27+15=☐
27+20=☐
27+25=☐

c)
42+26=☐
44+25=☐
46+24=☐
48+23=☐

d)
54+16=☐
52+18=☐
50+20=☐
48+22=☐

3 Erfinde selbst drei Rechenpakete
und beschreibe sie!

Bleib in Form!

4 Zeichne eine Musterzeile.

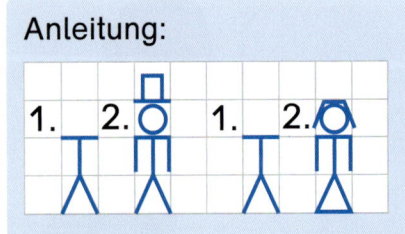

Anleitung:

Muster:

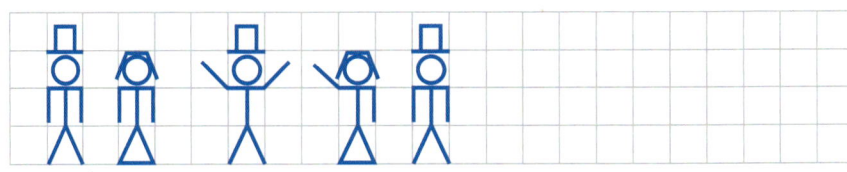

Zusammenhänge in Rechenpaketen
1) Klären Sie mit den Kindern, wie sich das Ergebnis jeweils verändert. Warum?
2) Die Kinder verwenden das sprachliche Muster aus 1)

1. Herzlich Willkommen!

1 Schreibe die Malrechnungen.

a) 6+6+6

| a) | 3 | · | 6 | = | 1 | 8 |

b) 4+4+4

c) 9+9

d) 5+5+5+5+5+5+5+5+5+5

e) 7+7

f) 3+3+3+3+3+3

g) 8+8+8+8

2 Rechne. Nutze die Kernaufgaben.

1 · 3 = ☐
2 · 3 = ☐
3 · 3 = ☐

10 · 3 = ☐
9 · 3 = ☐
8 · 3 = ☐

5 · 3 = ☐
4 · 3 = ☐
3 · 3 = ☐

5 · 3 = ☐
6 · 3 = ☐
7 · 3 = ☐

3 Rechne.

4·2= ☐   0·2= ☐   6·5= ☐   9·5= ☐   3·10= ☐   7·10= ☐

6·2= ☐   9·2= ☐   3·5= ☐   2·5= ☐   10·10= ☐   0·10= ☐

1·2= ☐   3·2= ☐   7·5= ☐   5·5= ☐   9·10= ☐   3·10= ☐

4 Rechne und kontrolliere mit der Umkehraufgabe.

20 : 5

| 2 | 0 | : | 5 | = | 4 | , weil | 4 | · | 5 | = | 2 | 0 |

20 durch 5 geht 4 mal, weil 4 mal 5 gleich 20 ist.

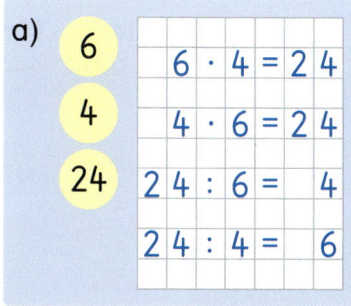

Umkehraufgabe

8 : 2   24 : 1   40 : 10   20 : 2   40 : 5   35 : 5

15 : 5   25 : 5   60 : 10   8 : 2   50 : 5   30 : 10

20 : 10   18 : 2   30 : 5   7 : 1   10 : 2   14 : 2

5 Drei Zahlen, vier Aufgaben.

a)
6
4
24

6	·	4	=	2	4
4	·	6	=	2	4
2	4	:	6	=		4
2	4	:	4	=		6

b) 7 2 14

c) 9 6 54

d) 7 8 56

e) 6 5 30

Multiplikation: Kernaufgaben, Tausch- und Umkehroperationen
2) Wiederholen Sie mit den Kindern die Kernaufgaben der Multiplikation.
5) Tauschaufgaben der Multiplikation und die jeweiligen Umkehraufgaben.

1. Herzlich Willkommen!

Gasthaus Eiserne Pfanne

Im Gasthaus Eiserne Pfanne gibt es
ein Restaurant und acht Gästezimmer.
Im Restaurant stehen neun Tische mit je sechs Stühlen.
In jedem Gästezimmer stehen ein Tisch und zwei Stühle.

1 Reiner hat eine Skizze vom Gasthaus gezeichnet.
Mach selbst auch eine Skizze in deinem Heft.

2 Die Kinder haben sich Aufgaben zum Gasthaus Eiserne Pfanne ausgedacht.
Löse die Aufgaben und entscheide bei jeder, ob sie leicht oder schwierig ist.

a) Hanna: „Wie viele Tische stehen im Gasthaus?"

b) Florin: „Wie viele Stühle stehen im Restaurant?"

c) Bernd: „Das Restaurant ist zur Hälfte voll.
Wie viele Gäste sind da?"

d) Paul: „Ein Tisch hat vier Beine.
Wie viele Tischbeine gibt es im Gasthaus?"

e) Leona: „Der Wirt möchte alle Tische gründlich reinigen.
Für einen Tisch braucht er 10 Minuten.
Wie lange dauert es, alle Tische zu putzen?"

f) Helmut: „Vier Stühle im Gasthaus sind kaputt.
Wie viele Stühle sind in Ordnung?"

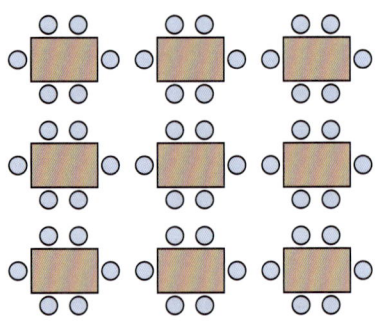

3 Erfinde selbst eine
a) einfache   b) mittlere   c) schwierige
Sachaufgabe zum Gasthaus Eiserne Pfanne und löse sie.

Bleib in Form!

4 Zeichne eine Musterzeile mit Bärenköpfen.

Sachaufgaben erfinden und lösen

3) Alternative Partnerarbeit: Die Kinder erfinden Sachaufgaben, der Partner/die Partnerin löst sie.

2. Zahlen bis 1000

1 Cedric und Nora müssen die Kisten zählen. Wie würdest du diese Aufgabe lösen?
Sprich mit einem anderen Kind darüber.

2 Wie viele Würfel sind das?

a)
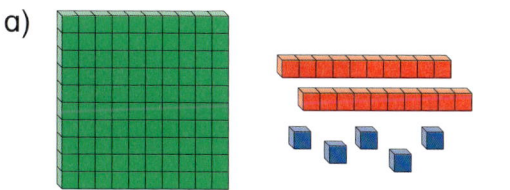

H	Z	E
1	2	5

b)
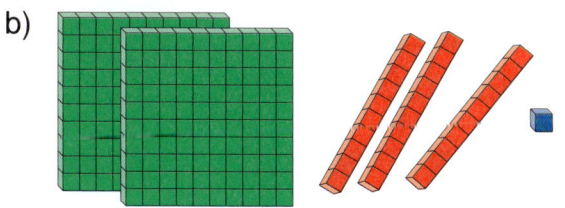   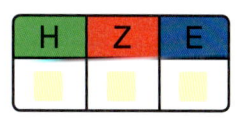

H	Z	E

c)
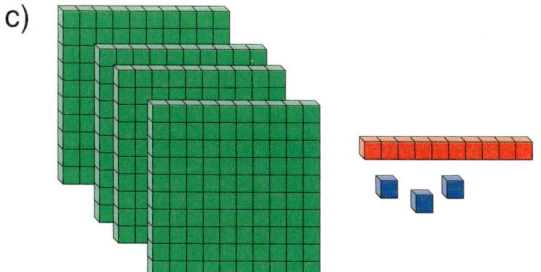

H	Z	E

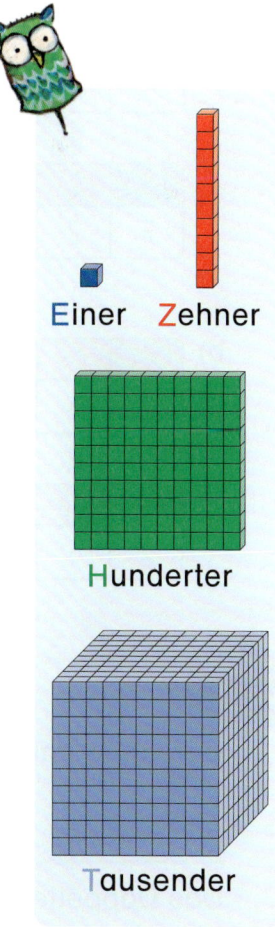

Einer   Zehner

Hunderter

Tausender

Zahlenraum 1000: Bündelung
1) Geben Sie den Kindern die Gelegenheit, eine große Menge Würfel (> 100) zu strukturieren. Die Kinder sollen zuerst schätzen, wie viele Würfel es sind. ▶ LH
3) Lassen Sie die Kinder die Mengen mit Legematerial bilden.

2. Zahlen bis 1000

1 Lege diese Zahlen mit Legematerial.
Sprich und schreibe die Zahlen.

a)

H	Z	E
3	1	4

 dreihundertvierzehn

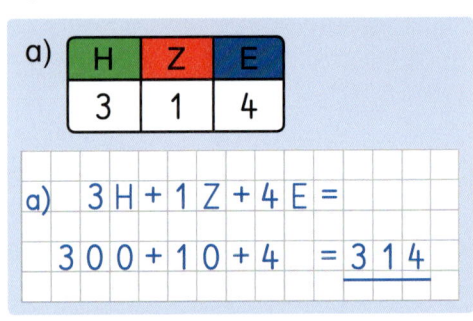

a) $3H + 1Z + 4E =$
$300 + 10 + 4 = \underline{314}$

b)

H	Z	E
9	0	4

c)

H	Z	E
5	3	9

d)

H	Z	E
6	2	2

2 Zerlege die Zahlen und lege sie.

a) 581

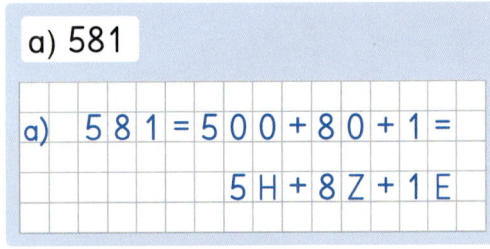

a) $581 = 500 + 80 + 1 =$
$5H + 8Z + 1E$

b) 218   e) 406   h) 800

c) 109   f) 348   i) 115

d) 640   g) 523   j) 627

3 Lege und beschreibe.

a)

H	Z	E
4	2	3

↓

H	Z	E
7	2	3

 Ich habe drei Hunderter dazugetan.

d)

H	Z	E
1	6	3

↓

H	Z	E
1	4	3

f)

H	Z	E
5	8	2

↓

H	Z	E
5	8	6

b)

H	Z	E
2	4	6

↓

H	Z	E
2	4	1

c)

H	Z	E
5	0	4

↓

H	Z	E
4	0	4

e)

H	Z	E
3	2	5

↓

H	Z	E
3	7	5

g)

H	Z	E
7	9	4

↓

H	Z	E
7	0	4

Bleib in Form!

4 Berechne immer das Doppelte.

Zahl:	8	5	7	12	20	15	100	300	
Das Doppelte:	16								

Zahlenraum 1 000: Stellenwerte
1) Korrigieren Sie Zahlendreher bei der Aussprache.
3) Lassen Sie zumindest die erste Aufgabe mit Legematerial ausführen.

2. Zahlen bis 1000

1 Welche Zahlen sind hier dargestellt?

a)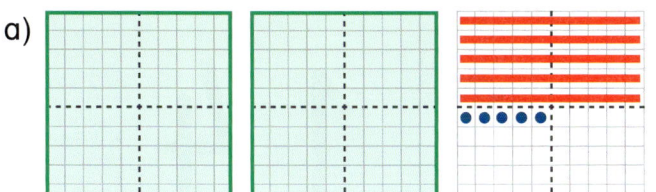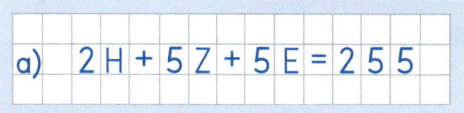

a) 2 H + 5 Z + 5 E = 2 5 5

b)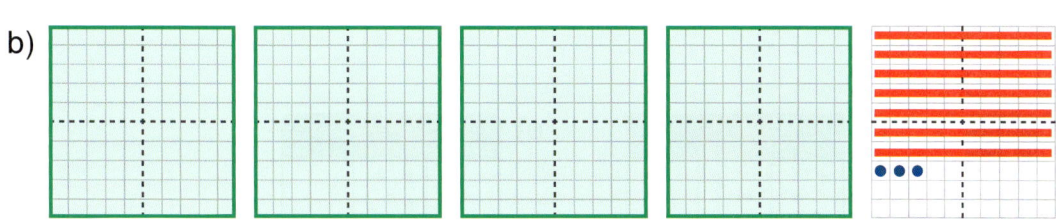

c)

2 Welche Zahlen sind hier dargestellt?

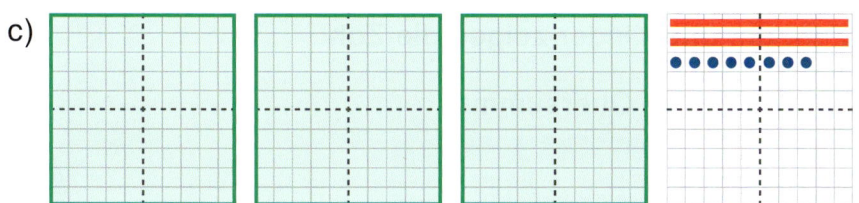

a)   b)   c)   d)   e)   f)

3 Stelle die Zahlen dar.

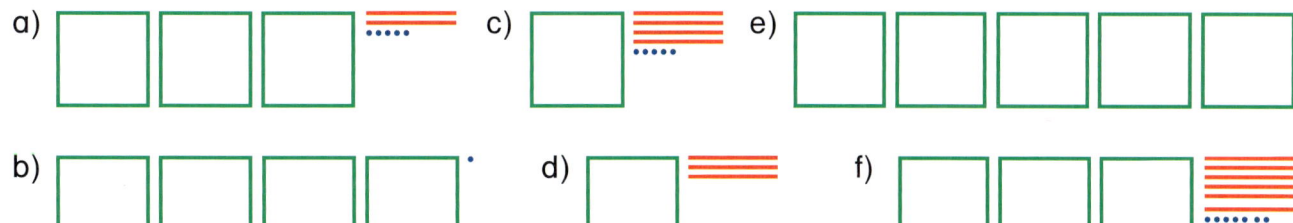

a) 435

a) 4 3 5

b) 217   f) 318
c) 300   g) 509
d) 150   h) 280
e) 263   i) 384

4 Schreibe die Zahlen und stelle sie dar.

a) dreihundertzwanzig
b) einhundertvierunddreißig
c) vierhundertsiebzig
d) zweihundertneunundsechzig
e) dreihundertacht
f) sechshunderteinundvierzig

Zahlenraum 1000: Repräsentation und Aussprache
2) Lassen Sie die Kinder die Zahlen schreiben und aussprechen.

2. Zahlen bis 1000

1 Welche Zahlen sind hier dargestellt?
Zeige die Zahlen.

a)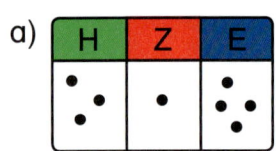

300
10
4

b) (Stellentafel H Z E mit Punkten)

c) (Stellentafel H Z E)   d) (Stellentafel H Z E)   e) (Stellentafel H Z E)

2 Spiel: Ein Kind sagt eine Zahl an, alle Kinder zeigen die Zahl.

3 Schreibe die Zahlen und bestimme ihre Quersumme.

a)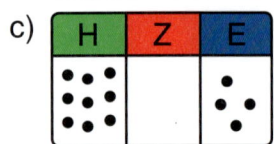

| a) Zahl: | 2 3 4 |
| Quersumme: | 2 + 3 + 4 = 9 |

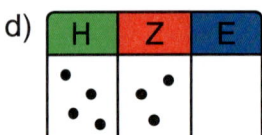 Stellentafel, Quersumme

b) 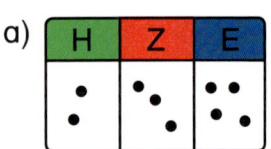   c) 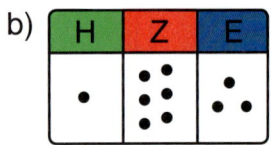   d)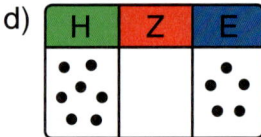

4 Finde die gesuchten Zahlen!
Es sind nur dreistellige Zahlen erlaubt, also Zahlen von 100 bis 999.

a) Was ist die größte dreistellige Zahl, deren Quersumme 10 beträgt?

b) Wie lautet die größte Zahl, die man aus den Ziffern 4, 5 und 2 bilden kann?

c) Finde alle dreistelligen Zahlen mit der Quersumme 2.

d) Was ist die größte Quersumme, die eine dreistellige Zahl haben kann?

e) Wie lautet die kleinste Zahl, die man aus den Ziffern 2, 9 und 4 bilden kann?

Bleib in Form!

5 Berechne immer die Hälfte.

Zahl:	6	18	60	26	50	100	800	500
Die Hälfte:	3							

Zahlenraum 1000; Stellenwertsystem, Zahlbeschreibungen
Tipp Zahlenkartenspiele ▶ LH
4) Wiederholen Sie mit den Kindern den Begriff Quersumme.

2. Zahlen bis 1000

1 Welche Zahlen sind auf dem Zahlenstrahl markiert?

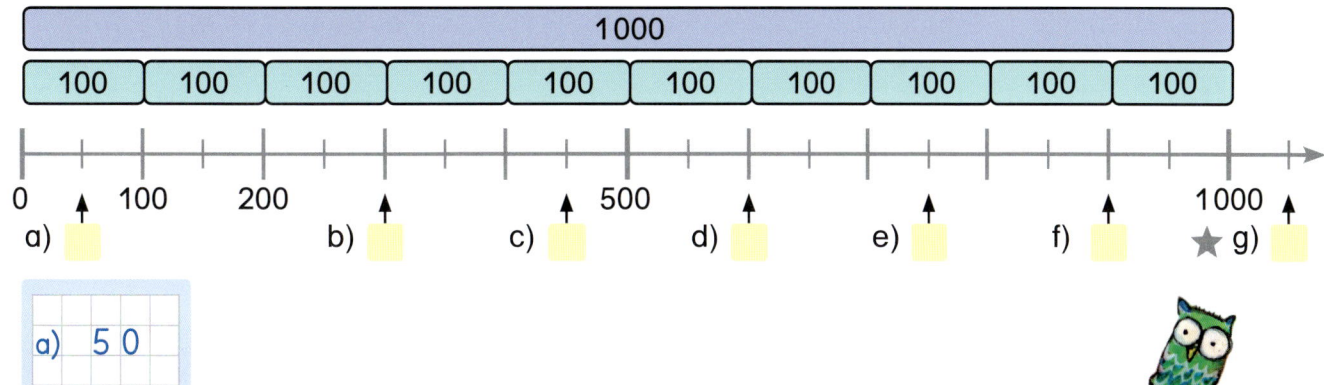

Zahlenstrahl

2 Zeichne einen Zahlenstrahl von 0 bis 1000 in dein Heft.
Markiere und beschrifte die ganzen Hunderter.

3 Welche Zahlen sind auf dem Zahlenstrahl markiert?

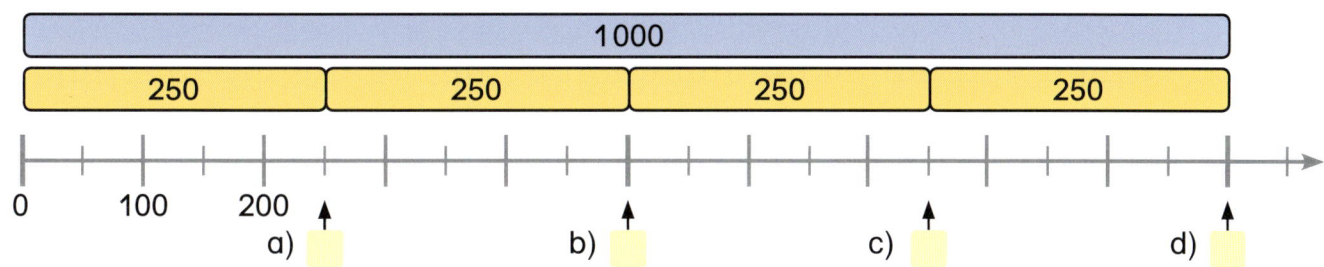

4 Welche Zahlen sind auf dem Zahlenstrahl markiert?

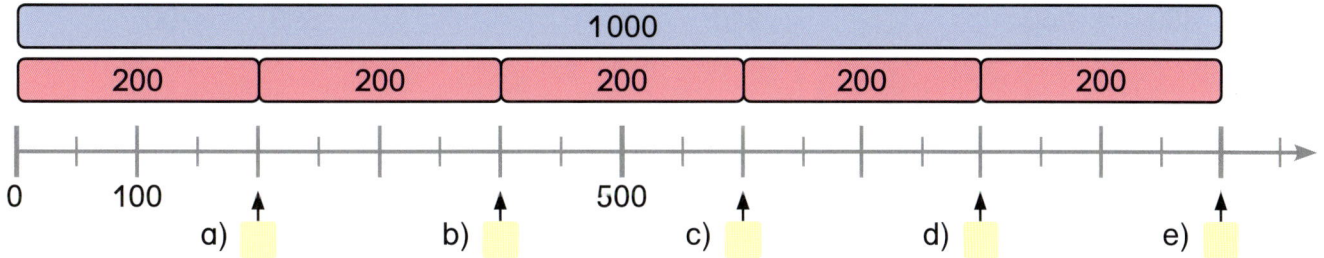

5 Zähle in Schritten.

    a) Zähle in 100er-Schritten von 0 bis 1000.

    b) Zähle in 100er-Schritten von 1000 bis 0.

    c) Zähle in 250er-Schritten von 0 bis 1000.

    d) Zähle in 20er-Schritten von 300 bis 400.

    e) Zähle in 10er-Schritten von 800 bis 700.

    f) Zähle in 50er-Schritten von 1000 bis 0.

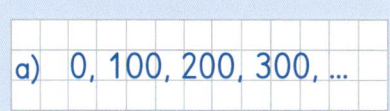

Zahlenraum 1000: Lineare Repräsentation auf dem Zahlenstrahl
2) Achten Sie auf genaue Ausführung der Zeichnungen.
5) Schrittzählen unterstützt die operative Strukturierung des Zahlenraums. ▶LH

17

2. Zahlen bis 1000

1 Welche Zahlen sind auf dem Zahlenstrahl markiert?

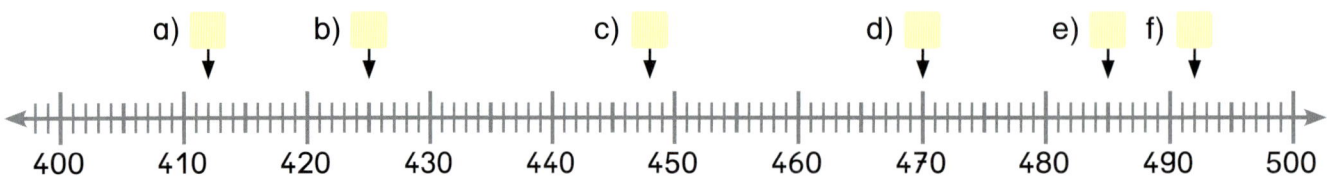

a) ☐   b) ☐   c) ☐   d) ☐   e) ☐   f) ☐

400   410   420   430   440   450   460   470   480   490   500

2 Zeige die Zahlen am Zahlenstrahl.

705, 716 ,733, 751, 777, 793

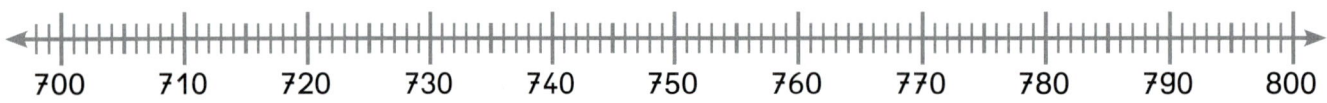

700   710   720   730   740   750   760   770   780   790   800

3 Spiel: Zahlen zeigen
Ein Kind nennt eine Zahl, das andere Kind muss sie zeigen.
Dann zeigt das Kind eine Zahl, das andere Kind nennt sie.

200   250   300

4 Wie lauten die Nachbarzahlen?

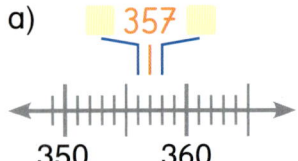   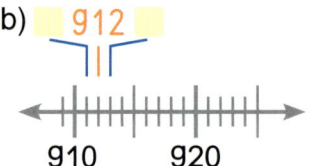   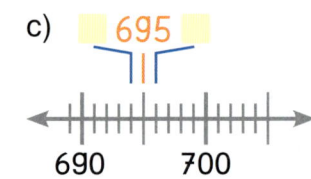

a) 357   b) 912   c) 695

350   360   910   920   690   700

5 Nenne die Nachbarzahlen.

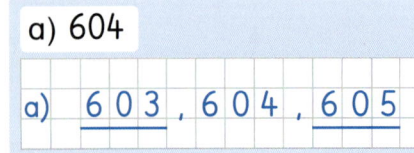

a) 604

a) 603 , 604 , 605

b) 481   e) 399   h) 1000

c) 200   f) 243   i) 178

d) 968   g) 530   j) 619

Nachbarzahlen

Bleib in Form!

6 Rechne.
Wie hilft dir die obere Aufgabe beim Lösen der unteren?

a) $2 \cdot 6 =$ ☐   b) $2 \cdot 7 =$ ☐   c) $2 \cdot 8 =$ ☐   d) $2 \cdot 4 =$ ☐   e) $2 \cdot 9 =$ ☐

    $4 \cdot 6 =$ ☐ $4 \cdot 7 =$ ☐ $4 \cdot 8 =$ ☐ $4 \cdot 4 =$ ☐ $4 \cdot 9 =$ ☐

Zahlenraum 1000: Zahlenstrahl, Nachbarzahlen
3) Das Spiel kann auf beliebigen Abschnitten des Zahlenstrahls gespielt werden. ▶ LH

18

2. Zahlen bis 1000

1 Wie könnte die markierte Zahl lauten?
⭐ Wähle jeweils aus den angegebenen Möglichkeiten.
Begründe deine Entscheidung.

a) 526, 748 oder 804?

0   1000

b) 190, 432 oder 507?

0   1000

c) 498, 574 oder 749?

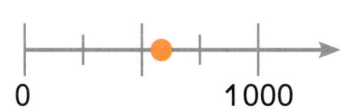

0   1000

2 Erstelle selbst Zahlenstrahlrätsel wie in Aufgabe 1
⭐ und gib sie einem anderen Kind zum Lösen.

3 Würfelspiel: Wer hat die größte Zahl? (2-4 Spieler)

Ihr braucht:
1 Würfel, Papier, Stift

Vorbereitung:
Jeder schreibt eine Stellentafel.

Spiel:
Würfelt abwechselnd:
Würfle und schreib deine Zahl an die kleinste
freie Stelle.
Du beginnst bei den Einern, in der zweiten
Runde schreibst du die Zehner, in der dritten
die Hunderter.

Hans			Ida			Klaus		
H	Z	E	H	Z	E	H	Z	E
2	1	5		3	2		4	6

Spielvariante:
Die kleinste Zahl gewinnt.

⭐ **Spielvariante:**
Du darfst dir die Stelle immer selbst
aussuchen, musst also nicht bei den
Einern beginnen.

Spielende:
Wenn alle Felder beschriftet sind, werden
die Zahlen verglichen.
Wer die größte Zahl hat, gewinnt.

4 Zahlen gesucht!

a) Welche Zahl ist um 1 kleiner als 300?

b) Welche Zahl ist um 10 größer als 638?

c) Welche Zahl ist um 2 kleiner als 1000?

d) Welche Zahl ist um 100 kleiner als 438?

e) Welche Zahl ist die größte Nachbarzahl
   von 517?

f) Welche Zahl ist doppelt so groß wie 500?

g) Denke dir selbst drei Rätsel aus!

5 Zahlenbande gesucht!

⭐ Über eine ganze Zahlenbande
weiß man Folgendes:

• Sie sind alle kleiner als 500.
• Jede der Zahlen besteht aus
  drei Ziffern.
• Die drei Ziffern jeder Zahl
  sind gleich.

Wie viele solche Zahlen gibt
es und wie heißen sie?

Zahlenraum 1000: Schätzen, Zahlenrätsel
1) Lassen Sie die Kinder zuerst herausfinden, welche Zahlen die Striche markieren.
3) Sprechen Sie mit den Kindern: Auf welchen Wurf kommt es bei diesem Spiel und bei den Varianten an?

19

3. Kopfrechnen im Tausender

1 Beim Tausenderschießen müssen zwei Pfeile zusammen 1000 Punkte erzielen.
Welches Feld sollte Cedric mit seinem zweiten Pfeil treffen?

Cedrics Freunde haben mit ihren ersten Pfeilen diese Felder getroffen:
a) Linn: 300   b) Philipp: 1000   c) Nora: 900   d) Aron: 500
Welche Felder sollten sie mit ihrem zweiten Schuss treffen?

2 Rechne. Was fällt dir auf?

a) 30+ 20=

   300+200=

b) 10+ 80=

   100+800=

c) 70- 20=

   700-200=

d) 60- 40=

   600-400=

3 Rechne.

400+300=   800-200=   650+40=   850-30=

300+500=   400-300=   720+30=   530-20=

Bleib in Form!

4 Rechne.
Wie hilft dir die obere Aufgabe beim Lösen der unteren?

a) 10·4=

   9·4=

b) 5·8=

   4·8=

c) 5·6=

   6·6=

d) 2·8=

   3·8=

Kopfrechnen im Zahlenraum 1000: Nutzen von Stellenwerten und Analogien
1) Das Spiel kann mit einer Zielscheibe und Büroklammern anstelle von Pfeilen in der Klasse nachgespielt werden. ▶LH

20

3. Kopfrechnen im Tausender

1 Lege und rechne.

a) 254+ 30=

b) 423+100=

c) 165+ 20=

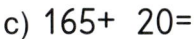

100 10 ① ① plus 10
          ① ①

> Verwende nur 100er, 10er und 1er!

d) 302+ 60=   e) 671+200=   f) 516+ 40=   g) 225+300=

2 Lege und rechne.

a) 453− 20=   c) 734−300=   e) 682− 50=   g) 246− 20=

b) 385− 40=   d) 276− 50=   f) 564−100=   h) 892−600=

3 Rechne. Wie hilft dir die obere Aufgabe beim Lösen der unteren?

a) 35+12=
   435+12=

c) 15+43=
   615+43=

e) 72+14=
   372+14=

g) 25+32=
   825+32=

b) 65−31=
   265−31=

d) 88−35=
   788−35=

f) 59−13=
   959−13=

h) 19−16=
   419−16=

4 Rechne.

a) 160+ 20=
   758+ 40=
   315+600=
   522+300=
   904+ 70=

b) 214+33=
   852+16=
   603+85=
   375+24=
   141+23=

c) 682− 40=
   715−100=
   253− 20=
   491− 80=
   678−300=

d) 465−21=
   798−45=
   364−53=
   976−44=
   825−12=

5 Rechne.

a) 354+17=
   269+25=

b) 742−18=
   650−34=

c) 819+68=
   543+29=

d) 472−64=
   685−48=

6 Luise hat 352 € gespart.
Ihre Oma schenkt ihr 25 €.
Wie viel Geld hat Luise jetzt?

7 Andrea hat 258 € in ihrem Sparschwein.
Sie nimmt 45 € heraus.
Wie viel Geld ist noch im Sparschwein?

8 Denke dir selbst eine Rechenaufgabe mit Zahlen bis 1000 aus
und löse sie im Kopf.

Kopfrechnen im Zahlenraum 1 000: Nutzen von Stellenwerten und Analogien
1) Zum Nachlegen eignet sich auch Spielgeld.

21

3. Kopfrechnen im Tausender

1 Ergänze. Was fällt dir auf?

a) 8+ ☐ = 10
    80+ ☐ = 100
   800+ ☐ =1000

b) 5+ ☐ = 10
    50+ ☐ = 100
   500+ ☐ =1000

c) 7+ ☐ = 10
    70+ ☐ = 100
   700+ ☐ =1000

d) 1+ ☐ = 10
   10+ ☐ = 100
  100+ ☐ =1000

2 Ergänze immer auf den nächsten 100er.

a) 190
a)   1 9 0 + 1 0 = 2 0 0

b) 150

c) 270

d) 490

e) 180

f) 950

g) 860

h) 430

i) 620

j) 740

k) 510

l) 830

m) 320

3 Ergänze immer auf den nächsten 100er.

a) 89   b) 275   c) 394   d) 788   e) 591   f) 989

4 Rechne. Wie rechnest du?

a) 180+30= ☐
  350+70= ☐
  790+50= ☐

b) 480+40= ☐
  790+60= ☐
  240+80= ☐

c) 920+40= ☐
  580+20= ☐
  860+90= ☐

d) 650+80= ☐
  120+90= ☐
  760+70= ☐

e) 90+40= ☐
  230+80= ☐
  680+50= ☐

5 Rechne. Wie rechnest du?

a) 500-20= ☐
  900-60= ☐
  400-30= ☐

b) 1000-10= ☐
  1000-80= ☐
  1000-50= ☐

c) 210-30= ☐
  520-50= ☐
  350-80= ☐

d) 730-60= ☐
  470-80= ☐
  610-40= ☐

e) 380-20= ☐
  120-70= ☐
  540-80= ☐

6 Ergänze die Zahlenmauern.

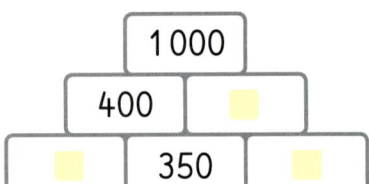

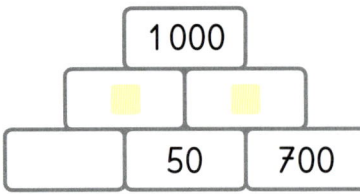

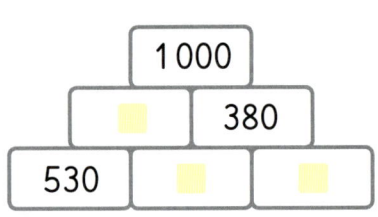

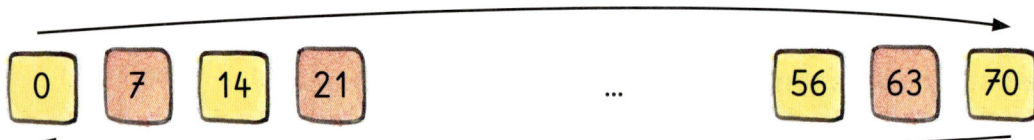

Bleib in Form!

7 Zähle in 7er-Schritten von 0 bis 70 und zurück.

| 0 | 7 | 14 | 21 | ... | 56 | 63 | 70 |

Kopfrechnen im Zahlenraum 1000: Nutzen von Stellenwerten und Analogien
4) 5) Thematisieren Sie das Weglassen und Wiederanfügen der Null. Wann und warum ist das möglich?

3. Kopfrechnen im Tausender

1 Finde Malrechnungen zu diesen Bildern.

a)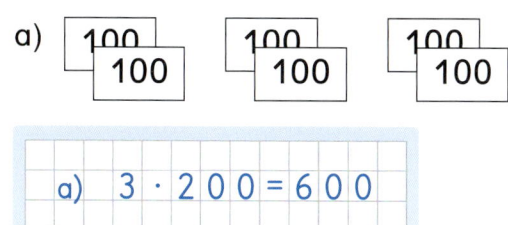

b)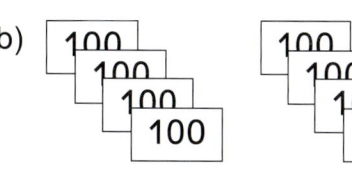

c)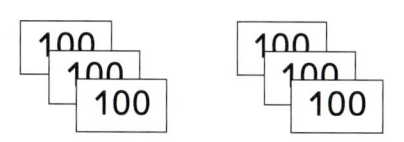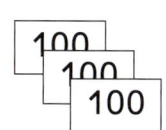

a) 3 · 2 0 0 = 6 0 0

2 Lege und rechne.

a) 4·200=☐   b) 2·500=☐   c) 600:2=☐   d) 1 000:5=☐

3 Finde die fehlenden Zahlen.
Du kannst mit Legematerial arbeiten.

a) 100= 1·☐   b) 1 000= 1·☐   c) 400= 4·☐   ★ e) 200= 4·☐
    100= 2·☐   1 000= 2·☐   400= 2·☐   200= 8·☐
    100= 4·☐   1 000= 4·☐
    100= 5·☐   1 000= 5·☐   d) 600= 3·☐   f) 500=10·☐
    100=10·☐   1 000=10·☐   600=10·☐   500= 2·☐

4 Rechne. Was fällt dir auf?
Du kannst mit Legematerial arbeiten.

a)   4:2=☐   b)   6:3=☐   c)   8:4=☐   d)   9:3=☐   e)   10:5=☐
    40:2=☐   60:3=☐   80:4=☐   90:3=☐   100:5=☐
   400:2=☐   600:3=☐   800:4=☐   900:3=☐   1 000:5=☐

5 In einer Packung sind 200 Zahnstocher.
Wie viele Zahnstocher sind in drei Packungen?

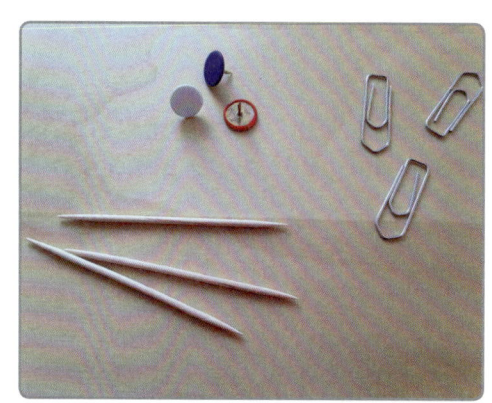

6 In einer Packung sind 50 Büroklammern.
Wie viele Büroklammern sind in sieben Packungen?

7 Herr Blümel kauft 120 Pinnnadeln für das Büro.
Er teilt sie auf vier Mitarbeiterinnen auf.
Wie viele Pinnnadeln bekommt jede?

Kopfrechnen im Zahlenraum 1 000: Multiplikation und Division

3. Kopfrechnen im Tausender

Runden auf ganze Zehner

Bei 0, 1, 2, 3, 4 an der **Einer**stelle runden wir ab,
bei 5, 6, 7, 8, 9 an der **Einer**stelle runden wir auf.

0 1 2 3 4   5 6 7 8 9

abrunden   aufrunden

1 Runde die Zahlen auf ganze Zehner.

a) 618

$6\,1\underline{8} \approx 6\,2\,0$

b) 324
c) 501
d) 996

e) 813
f) 293
g) 465

h) 876
i) 752
j) 655

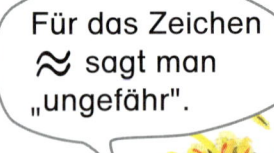

Für das Zeichen ≈ sagt man „ungefähr".

Runden auf ganze Hunderter

Bei 0, 1, 2, 3, 4 an der **Zehner**stelle runden wir ab,
bei 5, 6, 7, 8, 9 an der **Zehner**stelle runden wir auf.

2 Runde die Zahlen auf ganze Hunderter.

a) 618

$6\underline{1}8 \approx 6\,0\,0$

b) 361
c) 132
d) 790

e) 961
f) 453
g) 948

h) 67
i) 174
j) 639

aufrunden,
abrunden,
Überschlag

3 Runde die Zahlen auf ganze Hunderter
und rechne einen Überschlag.

a) 446+178

$4\,4\,6 + 1\,7\,8$
Ü: $4\,0\,0 + 2\,0\,0 = 6\,0\,0$

b) 354+412
c) 723−196
d) 971−265

e) 582−114
f) 212+286
g) 85+437

h) 629+162
i) 412+453
j) 555−365

4 Finde Vor- und Nachteile von Überschlagsrechnungen
gegenüber einer genauen Rechnung.

Bleib in Form!

5 Zähle in 8er-Schritten
von 0 bis 80 und zurück.

0   8   ...   72   80

Kopfrechnen im Zahlenraum 1 000: Runden auf Zehner oder Hunderter
3) Wiederholen Sie mit den Kindern den Begriff „Überschlag" bzw. „Überschlagsrechnung"
4) Besprechen Sie mit den Kindern, wann Überschlagsrechnungen ausreichen und wann das Ergebnis genau sein muss.

4. Plus und Minus im Tausender

1 Cedric hat eine Ladung mit **134** Pfeffersäcken bekommen.
257 waren schon im Lager. Seine Freunde helfen ihm,
den neuen Lagerstand auszurechnen.

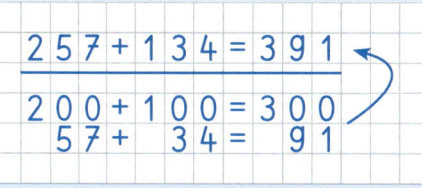

$$+100 \qquad +30 \qquad +4$$
$$257 \qquad 357 \qquad 387 \;\; \underline{391}$$

$$257+134=391$$
$$200+100=300$$
$$57+34=91$$

$$257+134=391$$
$$357,387,391$$

a) Erkläre, wie die Kinder gerechnet haben.
   Diese Wörter können dir dabei helfen:
   Rechenstrich, Hilfsrechnungen, Rechenschritte, Teilergebnisse

b) Löse die Aufgabe 347 + 216 auf zwei verschiedene Arten.

2 **Löse die Additionen.**

a) 684+ 79= ☐   c) 524+193= ☐   e) 486+437= ☐

b) 315+283= ☐   d) 65+789= ☐   f) 168+309= ☐

Plusrechnen:
Addition,
addieren,
Summe

Minusrechnen:
Subtraktion,
subtrahieren,
Unterschied

3 **Löse die Subtraktionen.**

a) 726−568= ☐   c) 955−184= ☐   e) 804−257= ☐

b) 614−293= ☐   d) 582−338= ☐   f) 725−318= ☐

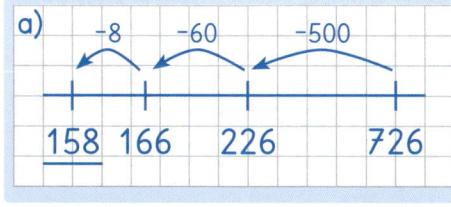

a)
$$-8 \qquad -60 \qquad -500$$
$$\underline{158}\;\;166 \qquad 226 \qquad 726$$

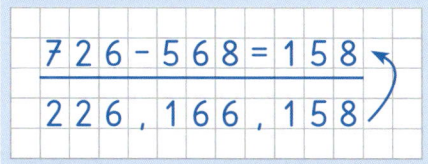

$$726-568=158$$
$$226,166,158$$

4 **Berechne die gesuchten Zahlen.**

⭐ a) Wie lautet die Summe von 415 und 326?

b) Berechne den Unterschied von 692 und 159.

c) Addiere 259 zu 382.

d) Subtrahiere 154 von 940.

e) Wie lautet der Unterschied von 810 und 264?

f) Berechne die Summe von 169 und 406.

Plus- und Minusrechnen im Zahlenraum 1000: Begriffe und halbschriftliche Rechenverfahren
2) 3) Die Kinder sollen ihre Rechenverfahren skizzieren und beschreiben.

4. Plus und Minus im Tausender

1 Abziehen oder Ergänzen?
Überlege, bevor du rechnest.

a) 902−897=☐

b) 435−432=☐

c) 514−320=☐

> Manchmal fällt *Ergänzen* leichter:
>
> Statt: 902−897=☐
>
> rechne ich: 897+☐ =902

d) 924−918=☐   e) 720−255=☐   f) 672−141=☐   g) 581−578=☐

2 Kann man einige Rechnungen vereinfachen?
Überlege, bevor du rechnest.

a) 465+198=☐   e) 536+198=☐

b) 728+ 99=☐   f) 361+465=☐

c) 245+151=☐   g) 714+ 99=☐

d) 507+398=☐   h) 258+598=☐

> Manchmal hilft ein Umweg:
>
> Statt: 465+198=☐
>
> rechne ich: 465+<u>200</u>=☐
> und ziehe dann **2** ab!

i) 614+252=☐   j) 385+297=☐

3 Rechne.
Nutze Rechenvorteile, wenn du welche entdeckst.

a) 764−299=☐

b) 981−499=☐

c) 901−897=☐

d) 452− 98=☐

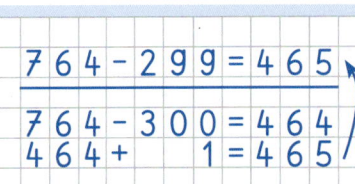

764 − 299 = 465
764 − 300 = 464
464 +   1 = 465

e) 815−352=☐   i) 316− 99=☐

f) 506−169=☐   j) 282−278=☐

g) 648− 99=☐   k) 954−951=☐

h) 724−718=☐   l) 883−199=☐

4 Die Summe zweier Zahlen beträgt 647.
Die kleinere der beiden Zahlen lautet 209.
Wie lautet die andere Zahl?

5 Der Unterschied zweier Zahlen beträgt 120.
Die größere der beiden Zahlen lautet 610.
Wie lautet die andere Zahl?

> Bleib in Form!

6 Rechne.
Wie hilft dir die obere Aufgabe bei der Lösung der unteren?

a) 2· 3=☐   b) 4· 2=☐   c) 3· 3=☐   d) 5· 2=☐   e) 2· 4=☐

2· 30=☐   4· 20=☐   3· 30=☐   5· 20=☐   2· 40=☐

2·300=☐   4·200=☐   3·300=☐   5·200=☐   2·400=☐

Plus- und Minusrechnen im Zahlenraum 1000: Rechenvorteile
Diskutieren Sie mit den Kindern die angewandten Rechenvorteile. Wann sind sie möglich? Wann vereinfachen sie das Rechnen?

4. Plus und Minus im Tausender

1 Die Bäuerin Bettina hat Eier gesammelt.

a) Wie lautet die Summe von 7 und 4?
b) Wo siehst du im Bild die Summe?
c) Wie lautet der Unterschied von 7 und 4?
d) Wo siehst du im Bild den Unterschied?

2 Berechne die Summe und den Unterschied.

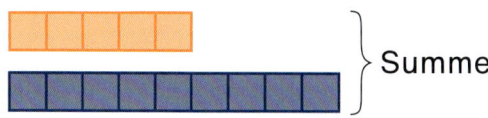

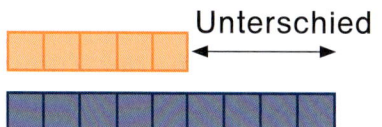

3 Berechne jeweils die gesuchte Zahl.

Balkenmodell

a)
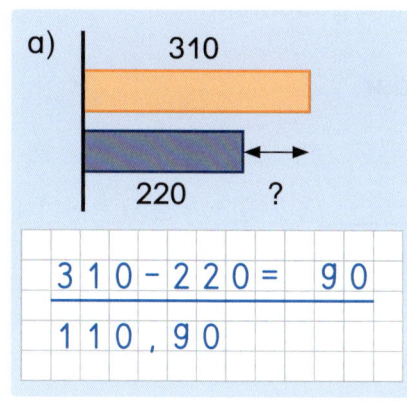

$$310 - 220 = 90$$
$$110, 90$$

c)
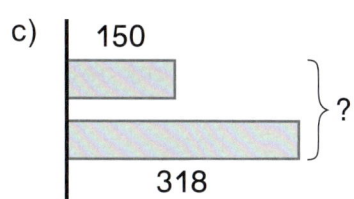

150
318
?

d)
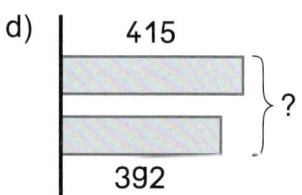

415
392
?

f)
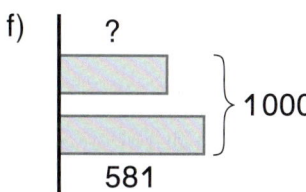

?
581
1000

b)
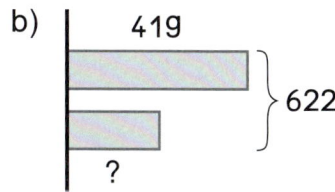

419
?
622

e)
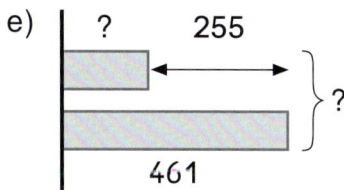

? 255
461
?

g)
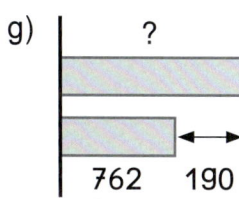

?
762   190

4 Berechne jeweils die gesuchte Zahl.

a)
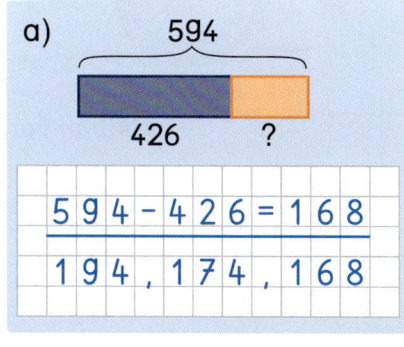

594
426   ?

$$594 - 426 = 168$$
$$194, 174, 168$$

b)
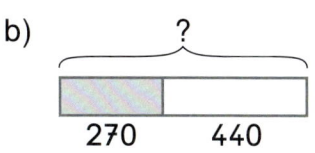

?
270   440

d)
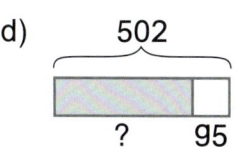

502
?   95

c)
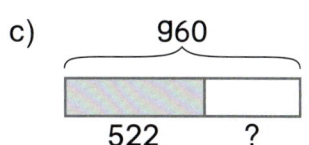

960
522   ?

e)
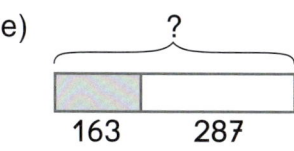

?
163   287

Veranschaulichung von Operationen durch Balkenmodelle
Besprechen Sie mit den Kindern die eingesetzten Balkenmodelle. ▶LH
3) Vergleichsmodell
4) Teile-Ganzes-Modell

4. Plus und Minus im Tausender

1 Zeichne ein Balkenmodell. Die Balken sind untereinander.
Löse die Aufgaben.

a) Finde den Unterschied der Zahlen 460 und 750.

b) Finde den Unterschied der Zahlen 920 und 380.

c) Finde die Summe der Zahlen 540 und 170.

d) Finde die Summe der Zahlen 265 und 640.

e) Finde den Unterschied der Zahlen 728 und 513.

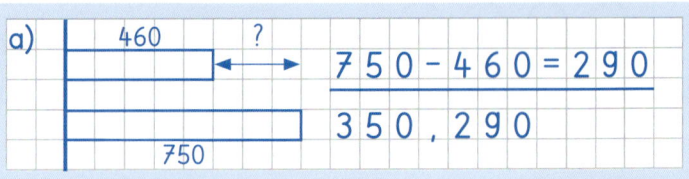

a) 460 ?
750
$750 - 460 = 290$
$350, 290$

Die Länge der Balken muss nicht genau stimmen. Größere Zahlen müssen aber länger gezeichnet werden als kleinere!

⭐ f) Finde die Summe der Zahlen 520, 160 und 280. Rechne geschickt.

2 Zeichne ein Balkenmodell. Die Balken sind nebeneinander.
Löse die Aufgaben.

a) Berechne die Summe von 320 und 490.

b) Wie viel ist 560 + 180?

c) Addiere 460 zu 470.

d) Wie lautet die Summe von 95 und 640?

e) Welche Zahl erhält man, wenn man 264 und 589 addiert?

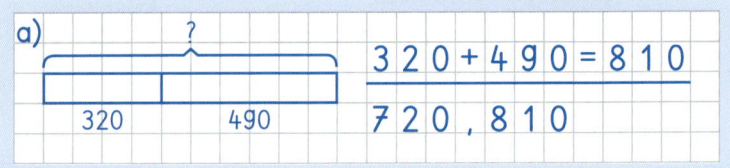

a) ?
320 490
$320 + 490 = 810$
$720, 810$

Tipp:
Zeichne die geschwungene Klammer mit dem Lineal!

⭐ f) Addiere die Zahlen 240, 390 und 185.

⭐ g) Die Summe von zwei Zahlen lautet 812.
Berechne die kleinere der beiden Zahlen, wenn die größere 581 beträgt.

⭐ h) Die Summe von zwei Zahlen lautet 1000.
Berechne die größere der beiden Zahlen, wenn die kleinere 294 beträgt.

Bleib in Form!

3 Rechne.

a) $3 \cdot 4 =$ ☐
$3 \cdot 40 =$ ☐

b) $6 \cdot 7 =$ ☐
$6 \cdot 70 =$ ☐

c) $8 \cdot 3 =$ ☐
$8 \cdot 30 =$ ☐

d) $5 \cdot 9 =$ ☐
$5 \cdot 90 =$ ☐

e) $4 \cdot 6 =$ ☐
$4 \cdot 60 =$ ☐

Balkenmodelle selbst erstellen
Besprechen Sie mit den Kindern das Zeichnen der Balkenmodelle. ▶ LH
2) Auch schwierige Zusammenhänge können mit Balkenmodellen gut veranschaulicht werden.

4. Plus und Minus im Tausender

1   Erkläre, wie die Balkenmodelle zu den Aufgaben passen.
Löse die Aufgaben.

a) Ein Luftballonverkäufer hat am Vormittag
164 Luftballons verkauft.
Am Nachmittag waren es etwas mehr.
Insgesamt hat er 425 Luftballons verkauft.
Wie viele waren es am Nachmittag?

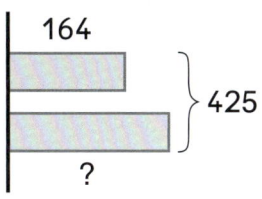

b) Eine Bäckerin hat am Vormittag 345 Brötchen verkauft
und am Nachmittag 268.
Wie viele Brötchen hat sie an diesem Tag verkauft?

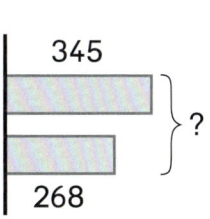

c) Eine Theatervorstellung wurde am Nachmittag von
143 Menschen besucht und am Abend von 205 Menschen.
Wie viele Besucher waren am Abend mehr da?

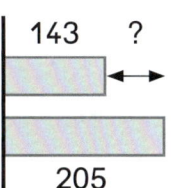

d) Am Samstag waren 860 Leute im Zoo.
Am Sonntag waren es 175 Menschen weniger.
Wie viele Leute waren am Sonntag im Zoo?

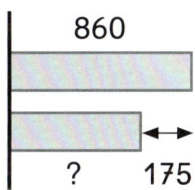

e) Am Wochenende waren 624 Menschen
bei einer Ausstellung.
Wie viele Menschen waren am Samstag dort,
wenn es am Sonntag 487 Leute waren?

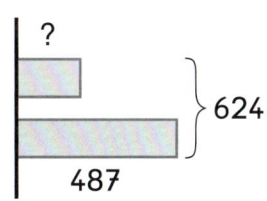

f) Max verteilt Flugblätter vor der Schule.
Am Morgen hatte er noch 170 Zettel.
Wie viele hat er schon verteilt,
wenn er jetzt nur noch 64 Zettel hat?

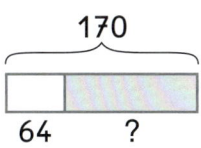

g) In die Hans-Wimmer Schule gehen
368 Mädchen und 337 Jungen.
Wie viele Kinder sind das?

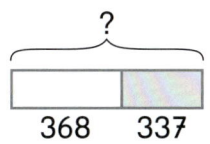

Balkenmodelle zur Veranschaulichung von Sachaufgaben
1) Lassen Sie die Kinder erklären, wofür die Balken stehen und wo man die Antwort auf die Frage sieht.

4. Plus und Minus im Tausender

1 Finde Fragen und löse die Aufgaben.
Zeichne dazu Balkenmodelle. Du kannst die begonnenen Skizzen nutzen.

a) Auf einem Schiff sind 320 Fahrgäste.
Unter den Fahrgästen sind 85 Kinder.

320

85

Entscheide von Aufgabe zu Aufgabe selbst, ob du die Balken nebeneinander oder untereinander zeichnest.

b) Das Schiff macht Halt bei einer Insel.
Dort gibt es zwei Dörfer:
Haliwak, mit 765 Einwohnern
und Bondrok, mit 492 Einwohnern.

492

c) Ein Lastschiff hat 380 Fässer Olivenöl
und 540 Fässer Essig geladen.

d) Im Frachtraum eines Schiffes sind 1000 Kisten gelagert.
In 265 Kisten ist Tee aus Indien,
in den anderen ist Reis aus China.

2 **AUFGABEN-WERKSTATT**

Drei Lagerhallen
Am Hafen stehen drei Lagerhallen:
Halle A, Halle B und Halle C.
In Halle A werden Lebensmittel gelagert.
Hier ist Platz für 500 Kisten.
In Halle B werden gefährliche Dinge gelagert,
wie zum Beispiel Feuerwerkskörper.
Hier ist Platz für 150 Kisten.
In Halle C wird alles andere gelagert.
Sie hat Platz für 350 Kisten.

a) Mache eine Skizze von den drei Lagerhallen.

b) Andrea hat sich folgende Aufgabe ausgedacht:
„In Halle C stehen 275 Kisten.
Wie viele Plätze sind dort noch frei?"

Löse diese Aufgabe.

c) Denke dir selbst einfache und schwierige Aufgaben zu den Lagerhallen aus!

Bleib in Form!

3 Rechne.

a) $8 \cdot 20 =$ ▢   b) $2 \cdot 90 =$ ▢   c) $3 \cdot 50 =$ ▢   d) $6 \cdot 60 =$ ▢   e) $7 \cdot 40 =$ ▢

Balkenmodelle zur Lösung von Sachaufgaben einsetzen
1) Lassen Sie die Kinder erklären, warum sie Teile-Ganzes-Modelle (nebeneinander) oder Vergleichsmodelle (untereinander) benutzt haben.
2) Auch hier können Balkenmodelle eingesetzt werden.

5. Zeig, was du kannst!

Rechnen bis 100

1 Rechne und kontrolliere selbst die Ergebnisse.

16+40= 　　　50+23= 　　　38+ 5= 　　　14+22= 　　　Lösungen:

30+29= 　　　30+16= 　　　57+ 3= 　　　52+35= 　　　| 36 | 37 | 43 | 46 |

64+30= 　　　70+26= 　　　29+ 8= 　　　42+16= 　　　| 56 | 58 | 59 | 60 |
| 73 | 87 | 94 | 96 |

2 Rechne und kontrolliere selbst die Ergebnisse.

64−30= 　　　75−30= 　　　62− 4= 　　　64−12= 　　　Lösungen:

85−70= 　　　92−60= 　　　71− 5= 　　　95−24= 　　　| 8 | 15 | 26 | 32 |

92−30= 　　　68−60= 　　　35− 9= 　　　87−53= 　　　| 34 | 34 | 45 | 52 |
| 58 | 62 | 66 | 71 |

3 Rechne und kontrolliere selbst die Ergebnisse.

3·2= 　　　9·5= 　　　10:2= 　　　15:5= 　　　Lösungen:

6·2= 　　　1·5= 　　　6:2= 　　　50:5= 　　　| 3 | 3 | 5 | 5 |

7·2= 　　　6·5= 　　　18:2= 　　　40:5= 　　　| 6 | 8 | 9 | 10 |
| 12 | 14 | 30 | 45 |

4 Rechne und kontrolliere selbst die Ergebnisse.

25+70= 　　　62−17= 　　　48+48= 　　　35−28= 　　　Lösungen:

72−48= 　　　49+33= 　　　62−58= 　　　67+33= 　　　| 4 | 7 | 9 | 24 |

18+64= 　　　63−54= 　　　15+ 9= 　　　97−29= 　　　| 24 | 45 | 68 | 82 |
| 82 | 95 | 96 | 100 |

5 Der Zoodirektor plant voraus.
Wie viele Tiere wird er im nächsten Jahr haben?

a) Im Zoo leben 45 Lamas.
Im Herbst werden sieben Lamas zur Welt kommen.

b) Bis gestern waren 72 Gänse im See des Tierparks.
Heute sind neun Gänse weggeflogen.

c) Der Zoo besitzt 24 Schlangen. Sieben davon sind giftig.
Die giftigen werden verkauft.

★ d) Der Zoodirektor möchte wieder 20 Nashörner im Zoo haben.
Dazu wird er im nächsten Jahr noch 7 Tiere kaufen.
Wie viele Nashörner leben jetzt schon im Zoo?

Wiederholung: Kopfrechnen, einfache Sachaufgaben
5) Hier können Balkenmodelle zur Veranschaulichung eingesetzt werden.

5. Zeig, was du kannst!

Zahlen bis 1000

1 Schreibe die Rechnungen und die Zahlen.

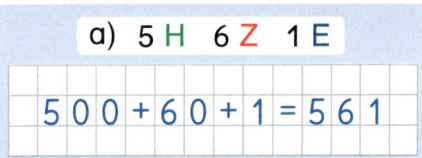

a) 5 H 6 Z 1 E

500 + 60 + 1 = 561

b) 2 H 9 Z 4 E

c) 7 H 9 Z 3 E

d) 6 H 3 Z

e) 4 H 7 E

f) 1 H 5 E

Lösungen:
105	294
407	561
630	793

2 Runde die Zahlen auf ganze Zehner.

682 ≈ ☐   296 ≈ ☐   315 ≈ ☐   902 ≈ ☐

167 ≈ ☐   554 ≈ ☐   748 ≈ ☐   863 ≈ ☐

Lösungen:
| 170 | 300 | 320 | 550 |
| 680 | 750 | 860 | 900 |

3 Runde die Zahlen auf ganze Hunderter.

520 ≈ ☐   794 ≈ ☐   948 ≈ ☐   264 ≈ ☐

381 ≈ ☐   653 ≈ ☐   957 ≈ ☐   139 ≈ ☐

Lösungen:
| 100 | 300 | 400 | 500 |
| 700 | 800 | 900 | 1000 |

4 Welche Zahlen sind auf dem Zahlenstrahl markiert?

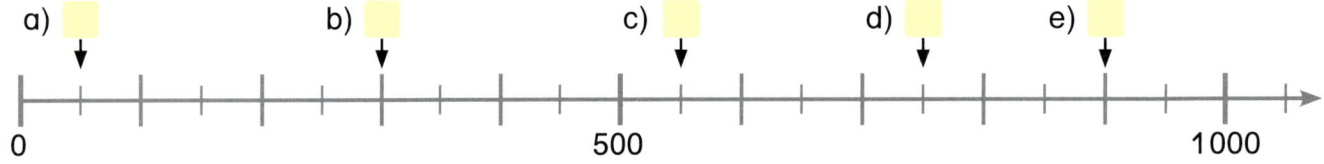

a) ☐   b) ☐   c) ☐   d) ☐   e) ☐

0   500   1000

5 Welche Zahlen sind auf dem Zahlenstrahl markiert?

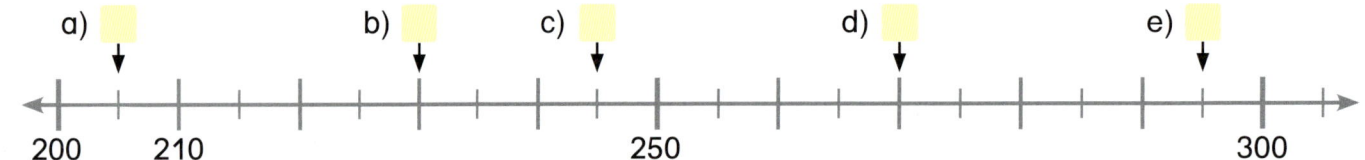

a) ☐   b) ☐   c) ☐   d) ☐   e) ☐

200   210   250   300

6 Beantworte die Fragen und kontrolliere selbst die Ergebnisse.

- Welche Zahl ist um 1 kleiner als 600?
- Welche Zahl ist um 100 größer als 423?
- Welche Zahl ist um 10 kleiner als 490?
- Welche Zahl ist um 10 größer als 549?

Lösungen:
| 480 | 523 | 559 | 599 |

5. Zeig, was du kannst!

Kopfrechnen bis 1000

1 Rechne und kontrolliere selbst die Ergebnisse.

				Lösungen:
510+ 2=	615+ 1=	125+ 4=	354+ 3=	129 165 357 384
510+ 20=	615+ 10=	125+ 40=	354+ 30=	512 525 530 616
510+200=	615+100=	125+400=	354+300=	625 654 710 715

2 Rechne und kontrolliere selbst die Ergebnisse.

				Lösungen:
856- 3=	369- 1=	429- 2=	888- 6=	229 269 288 359
856- 30=	369- 10=	429- 20=	888- 60=	368 409 427 556
856-300=	369-100=	429-200=	888-600=	826 828 853 882

3 Rechne und kontrolliere selbst die Ergebnisse.

				Lösungen:
240+38=	738-20=	365+ 8=	624- 7=	195 278 289 372
625+20=	510-50=	189+ 6=	389-100=	373 432 460 617
360+12=	492-60=	793+10=	863- 5=	645 718 803 858

4 Rechne und kontrolliere selbst die Ergebnisse.

				Lösungen:
200·3=	4·200=	800:2=	500:1=	0 200 200 200
400·2=	2·500=	600:3=	400:2=	200 300 300 400
100·7=	0·900=	900:3=	1000:5=	500 600 600 700
300·3=	2·300=	800:4=	600:2=	800 800 900 1000

5 Mehmet hat 180 € in seinem Sparschwein.
Sein Onkel schenkt ihm 30 €.
Wie viel Geld hat Mehmet jetzt?

6 Aisha hat 325 € gespart.
Sie kauft ein Spiel für 40 €.
Wie viel Geld hat sie jetzt noch?

7 **AUFGABEN-WERKSTATT**

Denke dir selbst eine Aufgabe rund um Geld und Sparschwein aus
und löse sie.

Wiederholung: Analogierechnen im Zahlenraum 1000, Sachaufgaben
7) Geben Sie den Kinder Gelegenheit ihre Aufgaben vorzustellen.

5. Zeig, was du kannst!

Halbschriftliche Addition und Subtraktion

1 Rechne und kontrolliere mit einem Überschlag.

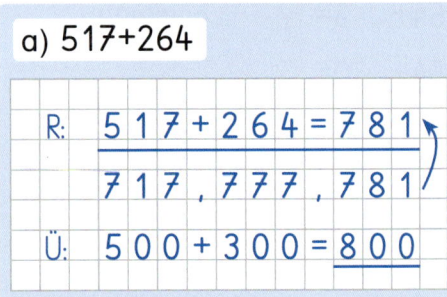

a) 517+264

R:	5 1 7 + 2 6 4 = 7 8 1
	7 1 7 , 7 7 7 , 7 8 1
Ü:	5 0 0 + 3 0 0 = 8 0 0

b) 382+405

c) 158+633

d) 273+114

e) 695+227

f) 864–372

g) 503–197

h) 922–416

i) 781–168

j) 657–385

2 Berechne die gesuchten Zahlen.

a) Subtrahiere 210 von 904.

b) Wie lautet der Unterschied von 518 und 62?

c) Berechne die Summe von 682 und 220.

d) Welche Zahl erhält man, wenn man 725 und 183 addiert?

e) Addiere 352 zu 476.

f) Wie lautet der Unterschied von 410 und 148?

3 Abziehen oder ergänzen?
Überlege, bevor du rechnest.

601–599 = ☐   357–112 = ☐   580–575 = ☐   645–199 = ☐

482–478 = ☐   702–698 = ☐   437– 99 = ☐   820–812 = ☐

945–218 = ☐   174–169 = ☐   904–897 = ☐   765–399 = ☐

Lösungen:

2	4	4	5
5	7	8	245
338	366	446	727

4 Die Summe zweier Zahlen beträgt 510.
Die größere der beiden Zahlen lautet 489.
Wie lautet die andere Zahl?

5 Der Unterschied zweier Zahlen
beträgt 154.
Die kleinere der beiden Zahlen
lautet 705.
Wie lautet die andere Zahl?

6 Zeichne ein Balkenmodell und löse die Aufgaben.

a) Finde die Summe der Zahlen 270 und 356.

b) Finde den Unterschied der Zahlen 840 und 293.

c) Die Summe von zwei Zahlen beträgt 614.
Die kleinere der beiden Zahlen lautet 145.
Wie lautet die andere Zahl?

Wiederholung: halbschriftliches Rechnen im Zahlenraum 1 000, Rechenvorteile, Sachaufgaben, Balkenmodelle

5. Zeig, was du kannst!

Sachaufgaben

1 Löse die Aufgaben.
Zeichne dazu Balkenmodelle. Du kannst die begonnenen Skizzen nutzen.

a) Herr Meier bezahlt für einen Anzug und eine Krawatte 295 €.
Wie viel kostet die Krawatte, wenn der Anzug 249 € kostet?

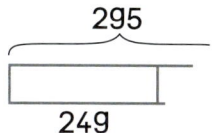

b) Frau Müller kauft einen Mantel und einen Hut.
Sie bezahlt 212 €. Der Mantel kostet 169 €.
Wie viel kostet der Hut?

c) Herr Szabo kauft eine Hose und eine Jacke.
Die Hose kostet 89 €, die Jacke 145 €.
Wie viel bezahlt Herr Szabo?

d) Frau Kowalski kauft ein Kleid für 135 €
und einen Umhang.
Wie viel bezahlt sie, wenn der Umhang
47 € weniger kostet als das Kleid?

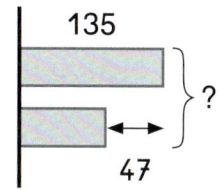

e) Herr Nowak kauft einen Anzug für 269 €
und dazu passende Schuhe.
Wie viel bezahlt er, wenn die Schuhe
175 € billiger waren als der Anzug?

f) Frau Klinger bezahlt 559 € für ein Abendkleid und eine Kette.
Das Kleid hat 399 € gekostet. Die Kette hat weniger gekostet als das Kleid.
Um wie viel?

2 ⎡ AUFGABEN-WERKSTATT ⎤

Abverkauf bei Meier-Mode!

jedes Kleid	jede Damenhose	jeder Damenmantel
nur 99 €	nur 69 €	nur 149 €
jeder Anzug	jede Herrenhose	jeder Herrenmantel
nur 199 €	nur 59 €	nur 179 €

a) Schreibe die Aufgabe fertig und löse sie:
Herr Müller hat 500 €. Er kauft …

b) Denke dir eine ganz leichte Aufgabe aus und löse sie.

c) Denke dir eine schwierige Aufgabe aus und löse sie.

d) Denke dir noch drei Aufgaben aus und löse sie.

Wiederholung: Sachaufgaben und Balkenmodelle

Knobelaufgabe

⭐ Überlege, wie du die Knobelaufgabe lösen kannst.
Sprich mit anderen Kindern darüber.

1 Marcy hat Zahlenkarten von 0 bis 9. Von jeder Zahl hat sie nur eine Karte.

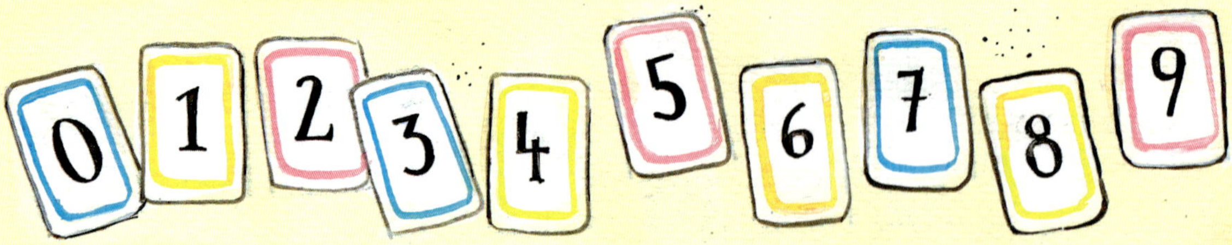

0 1 2 3 4 5 6 7 8 9

a) Marcy versucht, alle Zahlen
von 0 bis 99 zu legen.
Wie viele davon kann sie
mit ihren Karten nicht legen?

> 0, 1, 2, …
> 97, 98, 99?

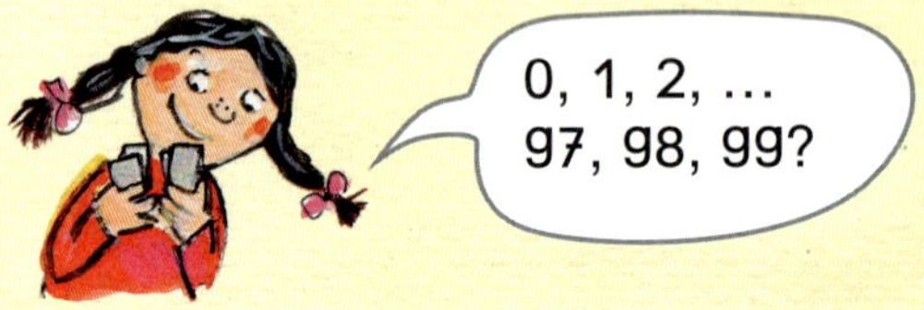

b) Marcy versucht, alle Zahlen
von 100 bis 199 zu legen.
Wie viele davon kann sie
mit ihren Karten nicht legen?

> 100, 101, 102, …
> 197, 198, 199?

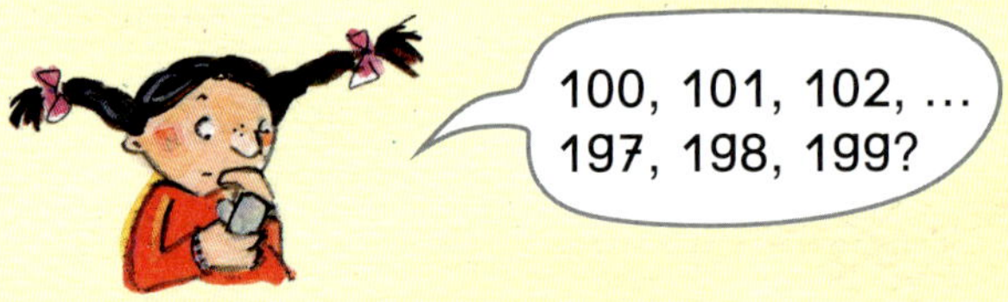

c) Marcy versucht, alle Zahlen
von 200 bis 299 zu legen.
Wie viele davon kann sie
mit ihren Karten nicht legen?

> 200, 201, 202, …
> 297, 298, 299?

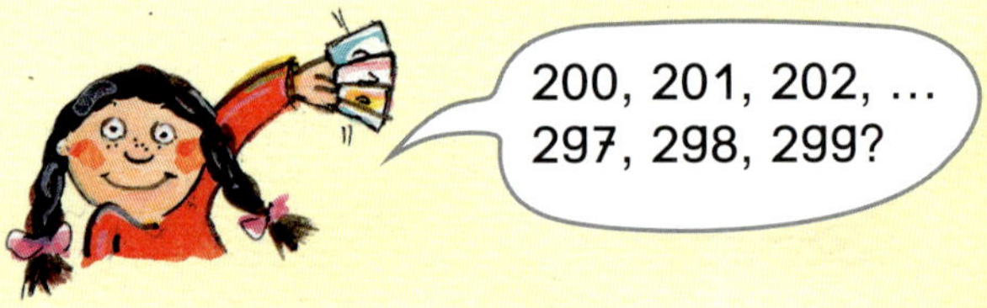

d) Marcy versucht, alle Zahlen
von 0 bis 1000 zu legen.
Wie viele davon kann sie
mit ihren Karten nicht legen?

> 0, 1, 2, …
> 998, 999, 1000?

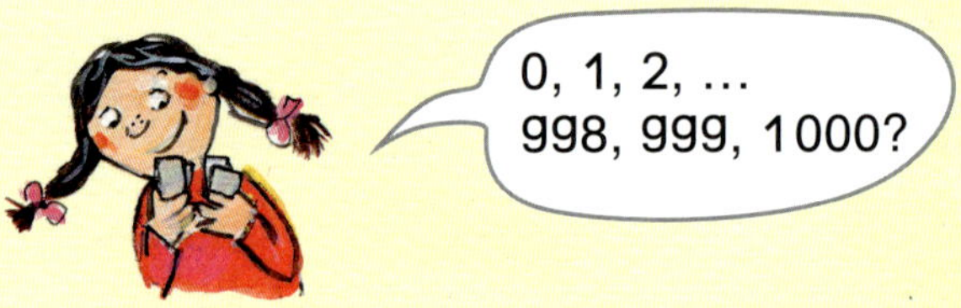

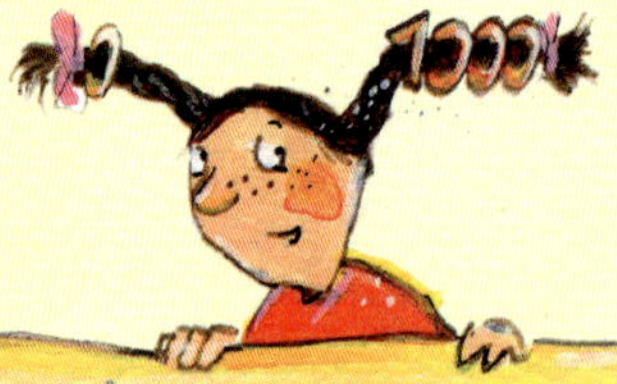

Goldene Regeln für das Rätsellösen:
• Wer nichts probiert, lernt auch nichts.
• Fehler machen ist strengstens erlaubt.
• Je mehr Ideen es gibt, desto besser.

1) Lassen Sie die Kinder die Zahlen mit Zahlenkarten (z.B. aus der Kopiervorlage) legen.

6. Figuren und Formen

1 Drei Felder des Schlossparks sind verwüstet.
Cedric und Linn zeichnen einen Plan für den Gärtner.
Hilf ihnen beim Zeichnen.

Ich weiß, dass der Park symmetrisch war.

2 Welche Formen findest du in den Bildern?
Findest du Symmetrien?

Symmetrie,
symmetrisch,
Dreieck,
Kreis,
Quadrat,
Rechteck

3 Finde Gegenstände zu folgenden Formen:

a) Dreieck   c) Rechteck

b) Quadrat   d) Kreis.

a) Dreiecke: Serviette, ...

4 Finde symmetrische Dinge in deiner Umwelt.

Löffel, ...

Geometrische Figuren, Begriffe, Symmetrie
Wiederholen Sie mit den Kindern die Begriffe im Eulenkasten.
1) Die Kinder übertragen die Zeichnung ins Heft und vervollständigen sie.

6. Figuren und Formen

1 Gestalte einen Falt-Stern.

Falte einen Bogen Papier zwei Mal.

Zeichne eine Schnittvorlage.

Schneide den Stern aus.

Ist der Stern symmetrisch?
Wo sind seine Symmetrieachsen?

2 Zeichne die Figuren mit Lineal in dein Heft.
Ergänze das Spiegelbild. Die Symmetrieachse ist rot eingezeichnet.

a)
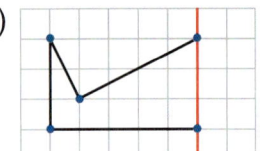

c)
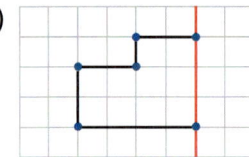

f)
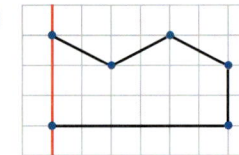

a)
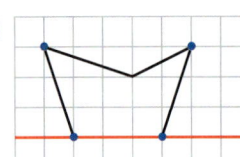

d)
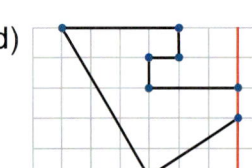

g)
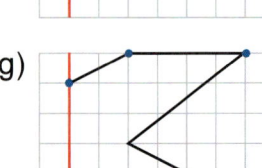

b)
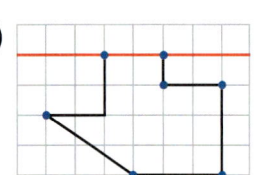

e)

⭐ h)
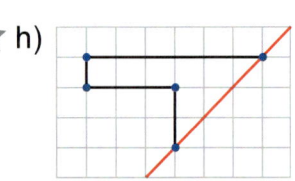

3 Denke dir selbst eine Figur aus uns spiegle sie.

Bleib in Form!

4 Rechne und bilde die Umkehraufgabe.

a) 180 : 3

| a) 180 : 3 = 60, weil 3 · 60 = 180 |

b) 140 : 2

c) 90 : 3

d) 350 : 5   e) 320 : 4   f) 420 : 6   g) 490 : 7

h) 80 : 4

i) 540 : 9

j) 210 : 3

k) 160 : 4

Symmetrie, Spiegelbild, Scherenschnitte
2) Achten Sie darauf, dass die Figuren korrekt ins Heft übertragen werden.

38

6. Figuren und Formen

1 Die Kinder sollten Bilder zeichnen, die zu den Beschreibungen passen.
Welche Bilder sind richtig?
Welche Bilder passen nicht?

a) **Beschreibung:** Links ist ein blaues Quadrat,
rechts ist ein rotes Rechteck.

Anita | Christina | Leopold | Edwin
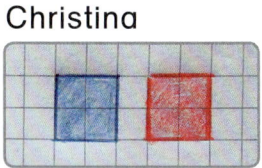 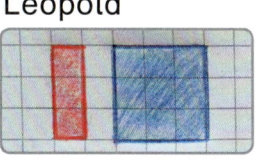 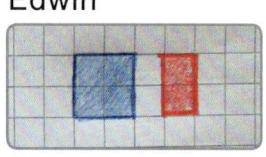

b) **Beschreibung:** Zwischen zwei blauen Kreisen ist ein rotes Dreieck.
Das Dreieck ist größer als die Kreise.

Anita | Christina | Leopold | Edwin
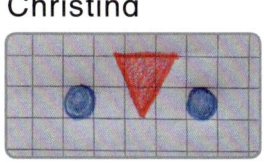 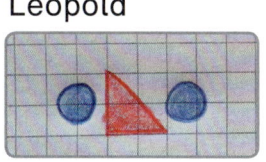 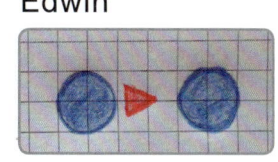

2 Zeichne Bilder, die zu diesen Beschreibungen passen.

a) Drei grüne Dreiecke stehen nebeneinander.
Das linke Dreieck ist am kleinsten, das Dreieck in der Mitte ist am größten.

b) Vier kleine schwarze Kreise liegen auf einem blauen Rechteck.

c) Ein rotes Quadrat und ein blaues Rechteck berühren sich an einer Ecke.

⭐ d) Ein schwarzes Dreieck steht auf der Spitze.
Links daneben steht ein grüner Kreis.
Auf dem Kreis steht ein blaues Quadrat auf der Spitze.
Das schwarze Dreieck ist höher als der Kreis und das Quadrat zusammen.

3 ┃ **AUFGABEN-WERKSTATT** ┃

Denke dir drei Aufgaben wie in Aufgabe 2 aus.
Entscheide selbst, ob du einfache oder schwierige Aufgaben machen möchtest.

4 Beschreibe diese Bilder.

a) | b) | ⭐ c)
  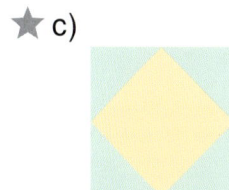

Figuren beschreiben und zeichnen
1) Klären Sie mit den Kindern, dass ein Quadrat auch ein (besonderes) Rechteck ist.
3) Erweiterung: Lassen sie andere Kinder die Aufgaben lösen und die Aufgabensteller beurteilen, welche Lösungen richtig sind.

39

6. Figuren und Formen

1 Zeichne die Buchstaben doppelt so groß.
Verwende ein Lineal und nutze die Kästchen.

Doppelt so groß
bedeutet:
Alle Seiten sind
doppelt so lang.

2 Schreibe deinen Namen erst klein und dann drei Mal so groß.

3 Das Bild zeigt ein Kürbismonster.

★ a) Vergrößere das Bild.
Zeichne alle Strecken
doppelt so lang.

b) Verkleinere das Bild.
Zeichne alle Strecken
halb so lang.

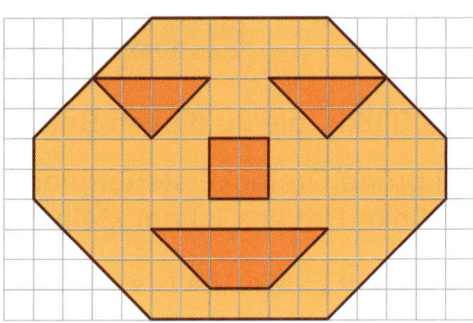

4 **AUFGABEN-WERKSTATT**

Zeichne selbst ein Bild und vergrößere es danach um
das Doppelte, Dreifache oder ein anderes Vielfaches.
Du könntest zum Beispiel ein Monster,
ein Haus, ein Auto oder eine Blume zeichnen.

Bleib in Form!

5 Rechne.

a) $15:3=$ ☐   c) $28:4=$ ☐   e) $30:5=$ ☐   g) $18:6=$ ☐   i) $10:2=$ ☐
   $150:3=$ ☐ $280:4=$ ☐ $300:5=$ ☐ $180:6=$ ☐ $100:2=$ ☐

b) $6:2=$ ☐   d) $32:8=$ ☐   f) $12:6=$ ☐   h) $35:7=$ ☐   j) $48:6=$ ☐
   $60:2=$ ☐ $320:8=$ ☐ $120:6=$ ☐ $350:7=$ ☐ $480:6=$ ☐

Figuren vergrößern und verkleinern
2) Die Kinder schreiben ihren Namen in Blockbuchstaben.

40

6. Figuren und Formen

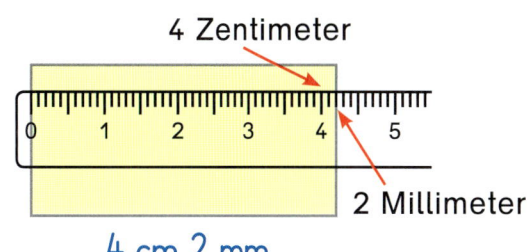

4 Zentimeter

2 Millimeter

4 cm 2 mm

Lies am Lineal zuerst die Zentimeter und dann die Millimeter ab.

1 Zentimeter = 10 Millimeter
1 cm = 10 mm

1 Miss die Seiten dieser Rechtecke mit dem Lineal.

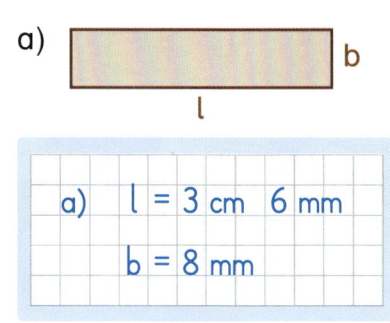

a) l = 3 cm 6 mm

b = 8 mm

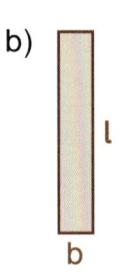

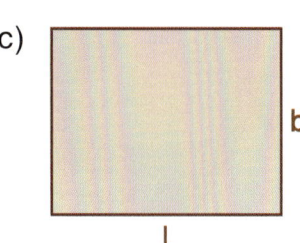

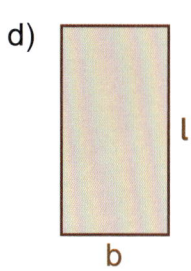

2 Zeichne Strecken mit dem Lineal.

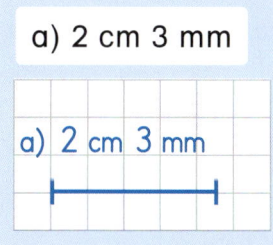

a) 2 cm 3 mm

a) 2 cm 3 mm

b) 4 cm 7 mm

c) 6 cm 5 mm

d) 5 cm 9 mm

e) 7 cm 1 mm

f) 3 cm 8 mm

Zeichne immer mit einem gespitzten Bleistift!

3 Wandle in Millimeter um.

a) 2 cm =

a) 2 cm = 2 0 mm

b) 8 cm =

c) 5 cm =

d) 10 cm =

4 Wandle in Zentimeter um.

a) 10 mm =

a) 1 0 mm = 1 cm

b) 30 mm =

c) 60 mm =

d) 140 mm =

5 Wandle in Millimeter um.

a) 2 cm 8 mm =

a) 2 cm 8 mm = 2 8 mm

b) 5 cm 3 mm =   d) 4 cm 6 mm =

c) 3 cm 7 mm =   e) 12 cm 6 mm =

6 Wandle in Zentimeter und Millimeter um.

a) 17 mm =

a) 1 7 mm = 1 cm 7 mm

b) 48 mm =   d) 52 mm =

c) 69 mm =   e) 300 mm =

7. Malnehmen und Teilen

1 Cedrics Freunde brauchen Kleider für den Königspalast.

Wir brauchen
vier gleiche Kleider.

A B C D

107,- 160,- 199,- 236,-

Arbeitet gemeinsam und beschreibt,
wie ihr die Lösungen gefunden habt:

a) Wie viel kosten vier gleiche Kleider?
   Rechnet den Preis für jedes Modell aus.

b) Cedric muss die Hälfte des Gesamtpreises gleich bezahlen,
   die andere Hälfte bei Abholung.
   Rechnet aus, wie viel das bei jedem Modell ausmacht.

2 Die Kinder haben die Aufgabe 3 · 24 unterschiedlich gelöst.

Andrea:

1	2	3
24	48	72

Max:

3 · 24 = 72
3 · 20 = 60
3 · 4 = 12

Sigrid:

20 ⋮⋮
20 ⋮⋮
20 ⋮⋮ 72

a) Beschreibe, wie die Aufgaben gelöst wurden.

b) Löse die Aufgabe 4 · 13 auf drei verschiedene Arten.

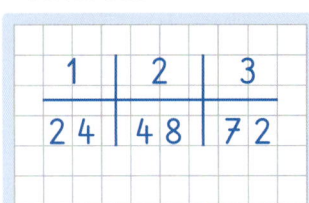

Bleib in Form!

3 Rechne geschickt.

a) 250+99=   b) 410+99=   c) 500+199=   d) 350+199=   e) 620+195=

Halbschriftliche Multiplikation: Rechenwege
1) Besprechen Sie mit den Kindern ihre Rechenwege.

42

7. Malnehmen und Teilen

1 Löse die Multiplikationen
und kontrolliere deine Ergebnisse selbst.

a) 3·35=   b) 7·32=   c) 85·4=   d) 33·6=

   5·18=   2·58=   79·3=   14·8=

   4·23=   6·17=   41·5=   25·7=

Malrechnen:
Multiplikation,
multiplizieren

Lösungen: 90   92   102   105   112   116   175   198   205   224   237   340

2 Kann man diese Rechnungen vereinfachen?
Überlege, bevor du rechnest.

a) 3·19=

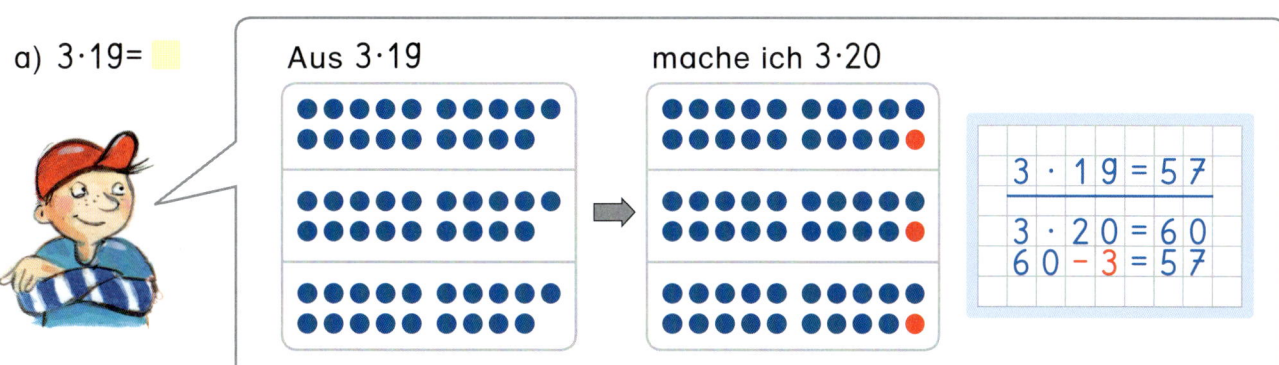

Aus 3·19   mache ich 3·20

3 · 1 9 = 5 7
3 · 2 0 = 6 0
6 0 − 3 = 5 7

b) 4·49=   d) 5·19=   f) 3·99=   h) 29·4=   j) 49·6=

c) 2·99=   e) 7·69=   g) 8·99=   i) 89·7=   k) 59·2=

3 ★ Wie funktionieren die Tricks von Elisa und David?
Erkläre.

Elisa: 4 · 3 5 = 1 4 0   David: 9 · 2 5 = 2 2 5
         7 0 , 1 4 0   2 5 0 , 2 2 5

4 Kann man einige dieser Rechnungen vereinfachen?
Überlege, bevor du rechnest.

a) 9·45=   c) 4·65=   e) 8·29=   g) 35·9=   i) 85·4=

b) 6·79=   d) 5·34=   f) 4·72=   h) 46·3=   j) 39·5=

Lösungen: 138   170   195   232   260   288   315   340   405   474

5 ★ Löse die Aufgaben.

a) Berechne die Malaufgabe aus 4 und 72.

b) Multipliziere 65 mit 9.

c) Wie lautet das Dreifache von 84?

Rechenvorteile bei der Multiplikation
3) Elisa: n mal 4 = n mal 2 mal 2, David: n mal 9 = n mal 10 − n

7. Malnehmen und Teilen

1 Zeichne Balkenmodelle und rechne.

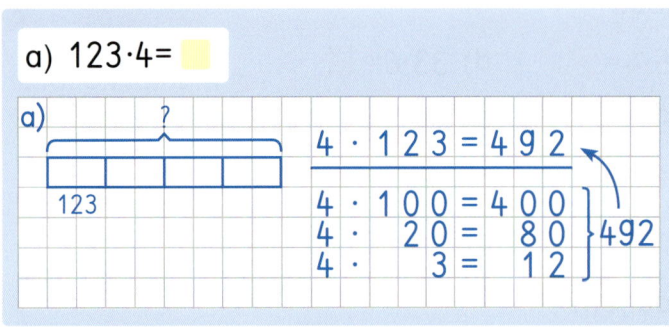

a) $123 \cdot 4 =$ ▢

a)
$$4 \cdot 123 = 492$$
$$4 \cdot 100 = 400$$
$$4 \cdot 20 = 80$$
$$4 \cdot 3 = 12$$
$$492$$

Wie lang du die Balken zeichnest, ist egal. Aber sie müssen alle gleich lang sein, damit man sieht, dass die Zahlen gleich groß sind!

b) $3 \cdot 132 =$ ▢   c) $2 \cdot 428 =$ ▢   d) $4 \cdot 225 =$ ▢   e) $3 \cdot 308 =$ ▢   f) $6 \cdot 115 =$ ▢

2 Zeichne Balkenmodelle und löse die Aufgaben.

a) Leo hat 35 Euro gespart.
Seine Schwester Beate hat
doppelt so viel gespart.
Wie viel Geld haben sie zusammen?

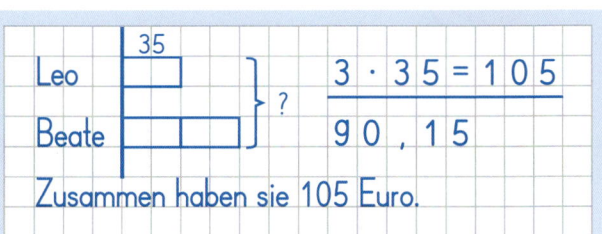

Leo 35
Beate ?
$$3 \cdot 35 = 105$$
$$90,15$$
Zusammen haben sie 105 Euro.

b) Tim hat doppelt so viel Geld wie Tom.
Wie viel haben die beiden gemeinsam,
wenn Tom 69 Euro hat?

★ c) Bernd hat 37 Euro.
Werner hat drei Mal so viel Geld wie Bernd.
Andrea hat doppelt so viel Geld wie Werner.
Wie viel Geld hat Andrea?

d) Lisa möchte eine Puppe kaufen.
Lisa hat nur 12 Euro.
Die Puppe kostet aber fünf Mal so viel.
Wie viel Geld fehlt Lisa?

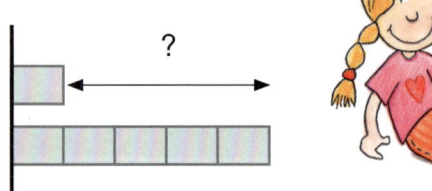

e) Alex will einen Ball für 29 Euro kaufen.
Der Verkäufer fragt: „Hast du denn genug Geld?"
Alex antwortet: „Ich habe sogar vier Mal so viel!"
Wie viel Geld bleibt Alex nach seinem Einkauf?

3 **AUFGABEN-WERKSTATT**

Denke dir selbst drei Aufgaben aus, bei denen „Geld",
„doppelt so viel", „drei Mal so viel" ... vorkommt.

Bleib in Form!

4 Rechne geschickt.

a) $300 - 99 =$ ▢   b) $840 - 99 =$ ▢   c) $400 - 397 =$ ▢   d) $650 - 299 =$ ▢   e) $1000 - 799 =$ ▢

7. Malnehmen und Teilen

Hotel Waldesruh

1 Nacht: € 49,-   Frühstück: € 6,-

Preis pro Person

1 Schreibe die Tabelle in dein Heft und ergänze die Preise.
Schreibe Nebenrechnungen darunter.

	1 Nacht	2 Nächte	3 Nächte	4 Nächte	5 Nächte
Preis	49,-				

2 Schreibe die Preise für Übernachtungen mit Frühstück
in eine Tabelle wie in Aufgabe 1.

3 Drei Wanderer wohnen von Freitag bis Sonntag im Hotel.
Wie viel kostet das ohne Frühstück?

4 Herr und Frau Aksöy bleiben drei Nächte im
Hotel Waldesruh.
Sie frühstücken im Hotel. Wie viel bezahlen sie?

5 ★ Alwin hat einen Gutschein für 3 Übernachtungen
im Hotel erhalten.
Er möchte aber zusätzlich im Hotel frühstücken.
Wie viel Euro muss er noch dazu bezahlen?

6 ★ Herr Ritter war Gast im Hotel Waldesruh.
Er bezahlt 220 Euro. Wie lange war er im Hotel?

7 Eine Woche im Hotel mit Frühstück!

a) Wie viel kostet das für eine Person?

★ b) Die Hotelbesitzerin will dafür ein Sonderangebot machen.
Welchen Preis schlägst du vor? Begründe.

8 **AUFGABEN-WERKSTATT**

Denke dir drei Aufgaben zum Hotel Waldesruh aus und löse sie.
Du kannst selbst bestimmen,
ob du einfache oder schwierige Aufgaben machen möchtest.

Halbschriftliche Multiplikation: Lösen von Sachaufgaben

7. Malnehmen und Teilen

1 Die Kinder haben die Division 176 : 8 unterschiedlich gelöst.
Erkläre, wie sie gerechnet haben.

Manuel:

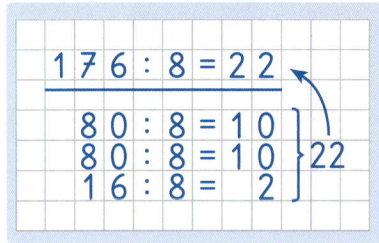

Patrick:

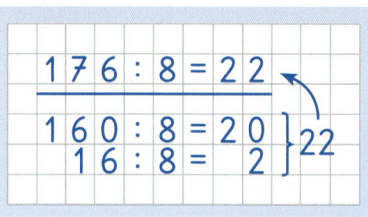

Teilen:
Division,
dividieren,
Quotient

2 Löse die Divisionen und kontrolliere deine Ergebnisse selbst.
Wie rechnest du?

a) 92:4=

   51:3=

   84:3=

b) 98:2=

   85:5=

   72:4=

c) 84:6=

   98:7=

   90:6=

d) 99:9=

   96:8=

   88:4=

e) 87:3=

   92:2=

   76:4=

Lösungen: | 11 | 12 | 14 | 14 | 15 | 17 | 17 | 18 | 19 | 22 | 23 | 28 | 29 | 46 | 49 |

3 Rechne im Kopf.
Wie hilft dir die obere Rechnung beim Lösen der unteren?

a)   12:2=

   120:2=

b)   21:3=

   210:3=

c)   36:6=

   360:6=

d)   27:9=

   270:9=

e)   42:6=

   420:6=

4 Löse die Divisionen und kontrolliere deine Ergebnisse selbst.
Wie rechnest du?

a) 416:2=

   358:2=

   762:2=

b) 126:6=

   408:6=

   192:6=

c) 516:3=

   204:3=

   474:3=

d) 154:7=

   245:7=

   637:7=

e) 320:4=

   184:4=

   632:4=

f) 248:8=

   312:8=

   432:8=

g) 715:5=

   280:5=

   465:5=

h) 936:9=

   279:9=

   531:9=

Lösungen:

21	22	31
31	32	35
39	46	54
56	59	68
68	80	91
93	104	143
158	158	172
179	208	381

Bleib in Form!

5 a) Runde die Zahlen auf ganze Zehner.

649 ≈

275 ≈

392 ≈

784 ≈

296 ≈

401 ≈

b) Runde die Zahlen auf ganze Hunderter.

164 ≈

695 ≈

427 ≈

745 ≈

358 ≈

971 ≈

Halbschriftliche Division: Rechenwege

7. Malnehmen und Teilen

1 Zeichne Balkenmodelle und rechne.

a) Dividiere 264 durch 4.

b) Dividiere 528 durch 3.

c) Wie heißt das Ergebnis der Aufgabe 960 geteilt durch 5?

a) 264

$$264 : 4 = 66$$
$$240 : 4 = 60$$
$$24 : 4 = 6$$ } 66

d) Welche Zahl erhält man, wenn man 588 durch 6 dividiert?

2 Frau Müller bezahlt für vier neue Autoreifen 312 Euro.

a) Wie viel kostet ein Reifen?

b) Der Reifenhändler verkauft die Reifen zum halben Preis. Wie viel bezahlt Frau Müller jetzt?

3 Die sieben Spieler einer Handballmannschaft bekommen neue Trikots.
Angebot A kostet 69 Euro pro Spieler,
Angebot B kostet 497 Euro für die ganze Mannschaft.

a) Welches Angebot ist günstiger? Um wie viel?

b) Wie viel kostet das Trikot für einen Spieler bei Angebot B?

4 Zeichne Balkenmodelle und löse die Aufgaben.

★ a) Hanne hat drei Mal so viele Aufkleber wie ihre Schwester Paula. Zusammen haben sie 116 Aufkleber. Wie viele Aufkleber hat Hanne?

} 116

b) Rudi und Florian haben zusammen 108 Kastanien gesammelt. Rudi hat doppelt so viele Kastanien wie Florian. Wie viele Kastanien hat Florian?

c) Drei Freundinnen sammeln Briefmarken. Viktoria hat 94 Marken. Bettina hat halb so viele. Anette hat drei Mal so viele Marken wie Bettina. Wie viele Marken haben die Freundinnen zusammen?

d) Ein Piratenkapitän und sein Matrose finden 417 Goldmünzen. Sie teilen den Schatz. Der Kapitän bekommt doppelt so viel wie der Matrose. Wie viel bekommt jeder der beiden?

5 [AUFGABEN-WERKSTATT]

Denke dir selbst eine ähnliche Aufgabe aus.
Ein anderes Kind soll sie lösen.

8. Längenmaße

1 Beantworte die Fragen mit Hilfe der Landkarte.

> 1 Kilometer = 1000 Meter
> 1 km = 1000 m

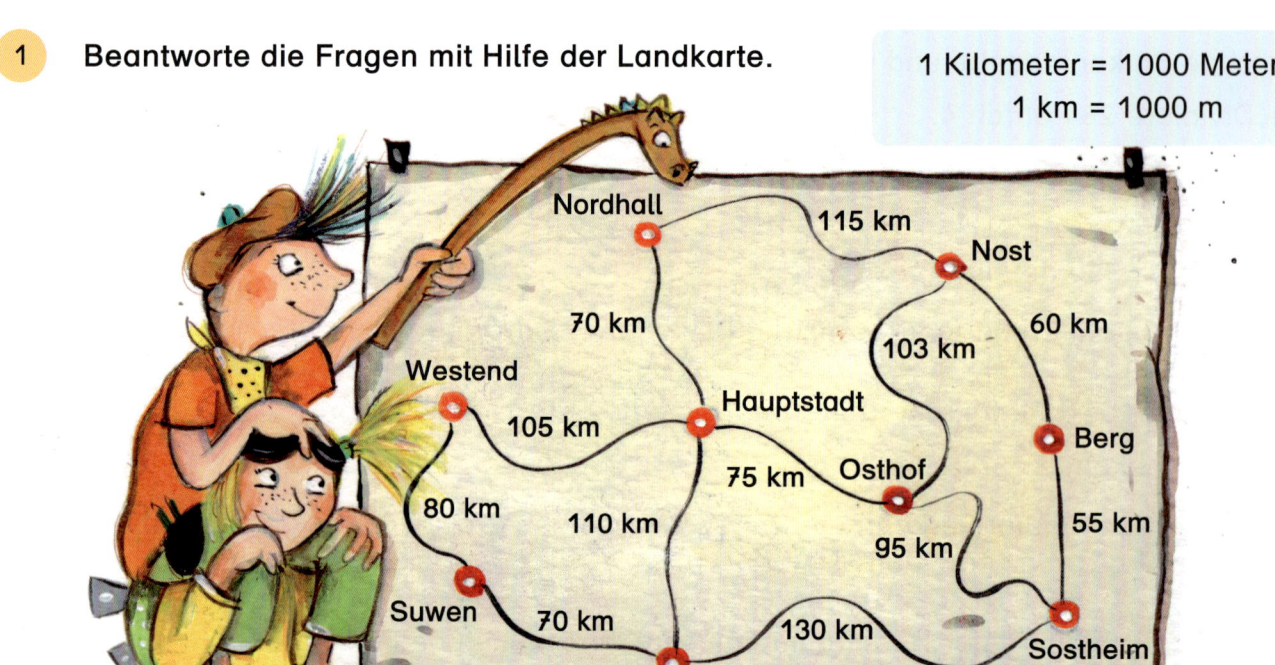

a) Wie weit ist es von Nordhall bis zur Hauptstadt?

b) Wie weit ist es von Südstadt bis Sostheim?

c) Welche beiden Städte haben die kürzeste Entfernung voneinander?

d) Cedric möchte von der Hauptstadt nach Berg reisen.
   Wie ist die kürzeste Strecke? Wie lang ist sie?

e) Nora muss von Nost nach Suwen.
   Wie ist die kürzeste Strecke? Wie lang ist sie?

2 Cedric ist von einer Stadt zu einer anderen genau 175 km weit gefahren.
★ Von wo nach wo könnte er gefahren sein?
   Gibt es mehrere Möglichkeiten?

3 **AUFGABEN-WERKSTATT**

Finde selbst drei Aufgaben zur Landkarte.

4 Finde Orte, die von deiner Wohnung so viele Kilometer entfernt sind:
★ a) 1 km   b) 10 km   c) 50 km   d) 100 km   e) 1000 km

Bleib in Form!

5 Finde die Nachbarzahlen.

a) 344   b) 705   c) 900   d) 629

Orientierung auf Landkarten, Kilometer, Sachaufgaben
1) Empfehlungen zur Veranschaulichung der Strecke 1 km ▶ LH
4) Sprechen Sie mit der Klasse darüber, aus welchen Quellen die Informationen stammen können.

8. Längenmaße

1 Übertrage die Tabellen ins Heft und trage die zurückgelegten Strecken ein.

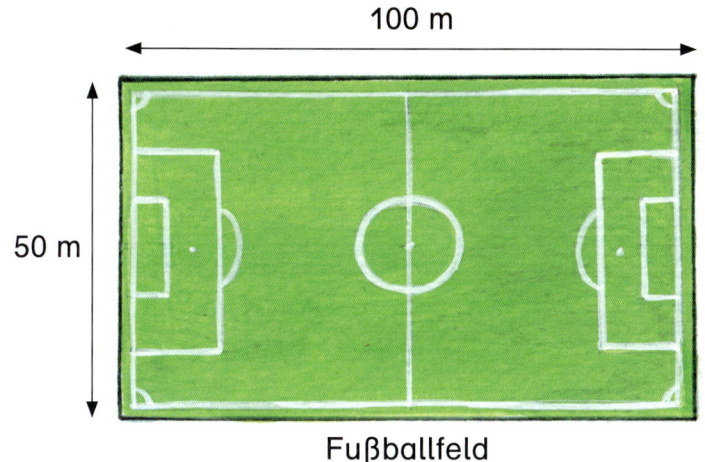

100 m

50 m

Fußballfeld

a)

von Tor zu Tor	Strecke
ein Mal	100 m
zwei Mal	
fünf Mal	
zehn Mal	

b)

quer übers Feld	Strecke
ein Mal	50 m
zwei Mal	
zehn Mal	
zwanzig Mal	

2 Herr und Frau Bender sind in den Bergen 3 Stunden gewandert.
Welche Strecke könnten sie zurückgelegt haben?

3 Katrin ist 16 Kilometer gewandert.
Wie lange war sie unterwegs?

> 1 Stunde gehen ... etwa 4 Kilometer
> 1 Stunde Rad fahren ... etwa 15 Kilometer

4 ★ Bernd und Simon möchten auf dem schwäbischen Jakobsweg
von Esslingen bis Rottenburg wandern.
Sie nehmen sich drei Tage Zeit für die rund 60 Kilometer lange Strecke.
Wie viele Stunden müssen sie jeden Tag wandern?

5 Hartmut war mit dem Rad 3 Stunden unterwegs.
Wie weit ist er etwa gekommen?

6 ★ Lisa und Bibi haben Radtouren gemacht.
Lisa ist am ersten Tag 28 km, am zweiten Tag 24 km,
am dritten Tag 33 km und am vierten Tag 30 km gefahren.
Bibi ist vier Tage lang jeden Tag 29 km gefahren.
Übertrage die Tabelle ins Heft und fülle sie aus.

	1. Tag	2. Tag	3. Tag	4. Tag	Summe
Lisa	28	24			
Bibi					

a) Wer hat insgesamt die längste Strecke zurückgelegt?

b) Wer hat in drei Tagen die längste Strecke zurückgelegt?

7 ┌─────────────────────────┐
AUFGABEN-WERKSTATT
└─────────────────────────┘

Denke dir selbst zwei Aufgaben zum Thema Wandern oder Radfahren aus
und löse sie.

Längenmaß Kilometer: Größenvorstellung

8. Längenmaße

1 Wie groß bist du?

> 1 Meter und 25 Zentimeter!

> 1 Meter = 100 Zentimeter
> 1 m = 100 cm

Erstelle eine Liste mit den Körpergrößen deiner Mitschüler.
Schreibe jede Größe in zwei Schreibweisen.

| Anne | 1 m 2 5 cm | 1 2 5 cm |
| Bernd | 1 m 3 2 cm | |

2 Schreibe diese Längenangaben in zwei Schreibweisen.

> Kommaschreibweise:
> 1,25 m = 1 m 25 cm

	m	cm	
a)	3	2	8
b)	1	7	5
c)	4	3	0
d)	2	0	6

a) 3 m 2 8 cm
3,2 8 m

	m	cm	
e)	5	2	8	0
f)	2	1	9	3
g)	3	0	0	5
h)	4	9	7	6

3 Schreibe mit Komma.

a) 6 m 12 cm

a) 6,1 2 m

b) 1 m 34 cm
c) 3 m 50 cm
d) 2 m 48 cm

e) 0 m 17 cm
f) 1 m 10 cm
g) 1 m   9 cm

h) 3 m 94 cm
i) 0 m 25 cm
j) 8 m 13 cm

k) 4 m   5 cm
l) 2 m 15 cm
m) 0 m   7 cm

4 Schreibe mit Komma.

a) 215 cm

a) 2,1 5 m

b) 482 cm
c) 934 cm
d) 75 cm

e) 90 cm
f) 153 cm
g) 16 cm

h) 42 cm
i)   6 cm
j) 109 cm

k) 634 cm
l) 70 cm
m) 260 cm

> Bleib in Form!

5 Manuela hat doppelt so viele Murmeln wie Andrea. Wie viele Murmeln haben die beiden Mädchen zusammen, wenn Manuela 32 Murmeln hat?

> Tipp: Zeichne ein Balkenmodell.

Längenmaße: Körpergrößen in Meter und Zentimeter, Kommaschreibweise
1) Führen Sie die Messung der Größe in der Klasse durch.

50

8. Längenmaße

1 Wandle in Zentimeter um.

a) $2\frac{1}{2}$ m

a) $2\frac{1}{2}$ m = 2 5 0 cm

b) $\frac{1}{2}$ m   e) $1\frac{1}{2}$ m   h) 5,90 m

c) 0,80 m   f) 7,03 m   i) $9\frac{1}{2}$ m

d) 3,50 m   g) 2,67 m   j) 0,36 m

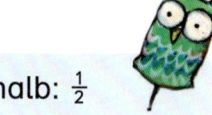

ein halb: $\frac{1}{2}$

2 Wandle in Meter um.

a) 65 cm

a)   6 5 cm = 0,6 5 m

b)   72 cm   e) 103 cm   h)   4 cm

c) 148 cm   f)   16 cm   i) 870 cm

d) 210 cm   g)   9 cm   j)   29 cm

3 Ordne diese Längen von der kleinsten bis zur größten.

a) 4 m / $1\frac{1}{2}$ m / 240 cm   d) 44 cm / 0,23 m / $\frac{1}{2}$ m

b) 93 cm / 1 m 10 cm / 1,07 m   e) 0,95 m / 1 m / 114 cm

c) $\frac{1}{2}$ m / 5,86 m / 395 cm   f) 74 cm / 8 cm / $\frac{1}{2}$ m

4 Ein Tischler hat ein 3 Meter langes Brett.

Wie lang ist das Brett, wenn er
a) 1 m   b) 50 cm   c) 75 cm   d) 1 m 20 cm   e) 1,55 m
davon abschneidet?

5 Auf einer Werkbank liegen zwei Bretter.

Das dunkle Brett ist $1\frac{1}{2}$ m lang und 30 cm breit.
Das helle Brett ist 25 cm länger und 4 cm schmäler.
Wie lang und wie breit ist das helle Brett?

6 Eine Tischplatte ist 1 Meter lang und $\frac{1}{2}$ Meter breit.

Frau Müller möchte einen Tisch,
dessen Platte einen halben Meter länger und 25 cm breiter ist.
Wie lang und wie breit wäre dieser Tisch in Zentimetern?

7 ★ Ein 1,20 Meter langes Brett soll in vier gleich lange Teile geschnitten werden.

Wie lang ist jeder Teil?

8 ★ Ein 2 m 76 cm Meter langes Brett soll in drei gleich lange Teile geschnitten werden.

Wie lang ist jeder Teil?

9. Rechnen mit Geld

1 Beantworte die Fragen mit Hilfe der Preise auf der Tafel.

Die Preise gelten jeweils
für ein Zimmer und eine Nacht.

Rudis Herberge
1 Bett: 39,-
2 Betten: 49,-

Lisas Schlafhaus
1 Bett: 28,-
2 Betten: 55,-
3 Betten: 72,-

Tonis Unterkunft
1 Bett: 29,-
2 Betten: 52,-
3 Betten: 75,-

Jugendherbergen in Südstadt

a) Wie viel kostet ein Zimmer mit zwei Betten in Rudis Herberge?

b) Welche Jugendherberge bietet das billigste Zimmer an? Wie viel kostet es?

2 Drei Freunde bleiben für 4 Nächte in Lisas Schlafhaus. Wie viel bezahlen sie?

3 Robert nimmt ein Zimmer in Tonis Unterkunft.
Er bleibt von Mittwoch bis Samstag. Wie viel kostet das?

4 Vier Freundinnen bleiben für 3 Nächte in Rudis Herberge. Wie viel kostet das?

5 Cedric und seine vier Freunde möchten in Südstadt übernachten.

a) Bei welcher Herberge kostet das am wenigsten? Wie viel kostet es dort?

★ b) Gibt es eine noch billigere Möglichkeit, wenn nicht alle in der
gleichen Herberge übernachten? Wie viel Geld könnten sie sparen?

6 **AUFGABEN-WERKSTATT**

Denke dir selbst drei Aufgaben zu den Jugendherbergen aus und löse sie.

Bleib in Form!

7 Wandle in Millimeter um.

a) 2 cm =   c) 3 cm 8 mm =   e) 7 cm 2 mm =   g) 16 cm 8 mm =

b) 8 cm =   d) 9 cm 3 mm =   f) 6 cm 4 mm =   h) 23 cm 5 mm =

9. Rechnen mit Geld

Übernachtungszahl der Hotels in Südstadt aus der letzten Woche:

	MO	DI	MI	DO	FR	SA	SO	Gesamt:
Hotel Post	35	37	52	50	65	70	23	332
Seeblick	12	12	16	16	18	18	9	
Schlosshotel	30	30	25	31	34	32	18	
Gesamt:	77							

1 Schreibe die Tabelle in dein Heft und ergänze alle fehlenden Zahlen.

2 Beantworte die Fragen mit Hilfe der Tabelle.

a) Wie viele Leute haben am Donnerstag im Schlosshotel übernachtet?

b) Wie viele Übernachtungen hatte das Hotel Post in dieser Woche?

c) Wie viele Leute haben am Montag in den Hotels von Südstadt übernachtet?

d) Welches Hotel ist das größte, welches das kleinste? Begründe.

3 Rechne und beantworte die Fragen.

a) Wie viele Menschen haben am Dienstag in den Hotels von Südstadt übernachtet?

b) Wie viele Übernachtungen hatte das Hotel Seeblick in dieser Woche?

c) Vergleiche die Übernachtungen von Hotel Post und dem Schlosshotel am Samstag. Wer hatte mehr Übernachtungen? Wie viele mehr?

4 Rechne und beantworte die Fragen.

★ a) An welchem Tag waren die meisten Übernachtungen? Wie viele waren es?

b) An welchem Tag waren die wenigsten Übernachtungen? Wie viele waren es?

c) Andrea behauptet: „Das Hotel Post hatte diese Woche mehr als doppelt so viele Übernachtungen als das Schlosshotel." Stimmt das?

d) Wie viele Übernachtungen hatte Südstadt in dieser Woche insgesamt?

5 Jedes Hotel muss pro Übernachtung 2 Euro Tourismusabgabe
★ an die Stadt bezahlen.

a) Wie viel Tourismusabgabe hat das Hotel Post am Mittwoch bezahlt?

b) Wie viel Tourismusabgabe hat das Hotel Seeblick am Wochenende bezahlt?

c) Wie viel Tourismusabgabe bekam die Stadt am Freitag?

6 [AUFGABEN-WERKSTATT]

Denke dir selbst drei Aufgaben zu den Übernachtungen in Südstadt aus und löse sie.

Lösen von Sachaufgaben, Verwendung von Tabellen

9. Rechnen mit Geld

Mineralwasser	1³⁰ €	Käsebrot 2⁴⁰ €	Schokolade 1⁹⁰ €
Limonade	1⁶⁰ €	Wurstbrot 2⁹⁰ €	Gummischlange 0⁹⁹ €
Milch	1⁷⁵ €	Pizzastück 3²⁵ €	Kaugummi 0⁸⁹ €

1 Mit welchen Münzen kann man
a) die Getränke   b) die Speisen   c) die Süßwaren
von Top-Kiosk genau bezahlen?
Lege und schreibe.

> 1 Euro = 100 Cent
> 1 € = 100 ct

> 1 € 3 0 ct = 1 € + 2 0 ct + 1 0 ct

2 Wie viel Geld bekommen die Kinder zurück?
Welche Münzen könnten das sein? Lege und schreibe.

> a) zurück: 2 0 ct + 2 0 ct

a) Hans kauft eine Limonade und
bezahlt mit einer 2-Euro-Münze.

b) Ida kauft ein Wurstbrot und bezahlt mit einem 5-Euro-Schein.

c) Helena kauft eine Gummischlange und bezahlt mit einer 2-Euro-Münze.

d) Lukas kauft ein Käsebrot und bezahlt mit zwei 2-Euro-Münzen.

3 Wie viel kostet das? Lege und rechne.

★ a) Paul kauft eine Packung Milch und eine Schokolade.

b) Vanessa kauft ein Mineralwasser und ein Pizzastück.

c) Tina kauft zwei Limonaden.

d) Drago kauft eine Schokolade und einen Kaugummi.

> Ich rechne erst die Euro und dann die Cent. Wenn ich mehr als 100 Cent habe, dann tausche ich in Euro um!

4 **AUFGABEN-WERKSTATT**

Denke dir selbst drei Aufgaben zum Top-Kiosk aus und löse sie.

> Bleib in Form!

5 Wie lang sind diese Strecken?
Miss mit dem Lineal.

a) ├─────┤   b) ├────────┤   c) ├────┤

Rechnen mit Euro und Cent, übliche Schreibweisen

9. Rechnen mit Geld

Kommaschreibweise: 4,95 € = 4 € 95 ct

1 Schreibe diese Geldangaben in zwei Schreibweisen.

	€		ct
a)	1	9	0
b)	3	5	3
c)	0	7	5
d) 1	2	0	6

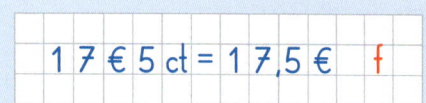

a) 1 € 9 0 ct
1,90 €

	€		ct	
e)	2	4	0	3
f) 1	6	9	9	5
g) 7	9	9	0	8
h)	8	2	3	7

2 Schreibe mit Komma.

a) 3 € 45 ct   b) 7 € 20 ct   c) 9 € 64 ct   d) 62 € 8 ct   e) 327 € 15 ct

    6 € 2 ct   0 € 15 ct   5 € 38 ct   19 € 10 ct   482 € 3 ct

   15 € 90 ct   29 € 6 ct   10 € 50 ct   89 € 95 ct   199 € 99 ct

3 Was hat Bettina falsch gemacht?
Erkläre und löse die Aufgabe richtig.

17 € 5 ct = 17,5 €   f

4 Schreibe in Euro und Cent und in Euro mit Komma.

a) 350 ct   b) 125 ct   c) 410 ct   f) 582 ct   i) 842 ct

d) 706 ct   g) 190 ct   j) 956 ct

a) 350 ct = 3 € 50 ct = 3,50 €

e) 128 ct   h) 407 ct   k) 280 ct

5 Ordne die Geldbeträge vom kleinsten bis zum größten.

a) 5,20 € / 160 ct / 7 €   c) 12 € / 13 ct / 140 ct

b) 95 ct / 0,60 € / 1 € 10 ct   d) 3 € 2 ct / 310 ct / 34 ct

6 Wie viel Geld haben die Kinder? Schreibe die Beträge als Kommazahl.

a) Ulli hat 20 Cent mehr als 10 Euro.

b) Jan hat 50 Cent weniger als 4 Euro.

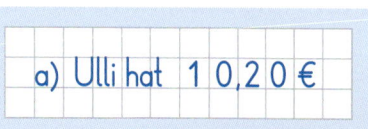

a) Ulli hat 10,20 €

c) Beate hat 70 Cent weniger als 15 Euro.

d) Hanna hat 5 Cent weniger als 1 Euro.

e) Lisa hat 23 Cent mehr als 34 Euro.

f) Konrad hat 9 Cent weniger als 20 Euro.

g) Petra hat 14 Cent weniger als 6 Euro.

9. Rechnen mit Geld

1 Bei *Walters Waffeln* kann man seine Waffel selbst zusammenstellen:

1. Waffel:	2. Topping:	3. Sauce:
klein 1 €	Beeren 1 €	Sahne 10 ct
groß 1,20 €	Eis 1,50 €	Schokolade 5 ct

a) Wie viel kostet eine kleine Waffel mit Eis und Sahne?

b) Woraus besteht die billigste Waffel, die man zusammenstellen kann? Wie viel kostet diese?

c) Wie würdest du deine Waffel zusammenstellen? Wie viel kostet sie?

d) Wie viele verschiedene Bestellungen Waffel + Topping + Sauce sind möglich?

e) **AUFGABEN-WERKSTATT**

Denke dir selbst noch drei Aufgaben aus und löse sie.

2 MINI-PROJEKT: Unser Buffet

Stellt euch vor, ihr macht in der Schule euer eigenes Buffet auf.

a) Überlegt euch einen Namen für euer Buffet.

b) Überlegt euch mindestens drei Getränke und fünf Speisen, die man bei euch kaufen kann.

c) Gestaltet eine Preisliste.

d) Wie viele verschiedene Bestellungen Getränk + Speise sind möglich?

e) **AUFGABEN-WERKSTATT**

Denkt euch drei Rechenaufgaben zu eurem Buffet aus. Gestaltet Aufgabenkärtchen dazu und schreibt die Lösungen auf die Rückseite.

Bleib in Form!

3 a) Wandle in Zentimeter um.

5 m	2 m 45 cm	9,15 m
8 m	1 m 27 cm	1,45 m
10 m	4 m 8 cm	6,02 m

b) Wandle in Meter um. Schreibe mit Komma.

217 cm	475 cm
803 cm	390 cm
100 cm	502 cm

10. Zeig, was du kannst!

Ebene Figuren

1 Erkläre die Worte „Symmetrie" und „Symmetrieachse" anhand dieses Bildes.

2 Zeichne die Figur mit dem Lineal in dein Heft. Ergänze das Spiegelbild.

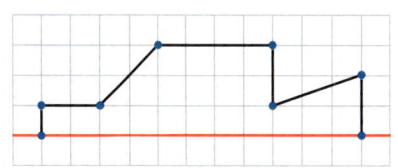

3 Zeichne Bilder, die zu diesen Beschreibungen passen.

a) Links ist ein roter Kreis, rechts ein blaues Dreieck.
   Das Dreieck ist größer als der Kreis.
   Die beiden Figuren berühren sich.

b) Drei Rechtecke liegen übereinander.
   Das Rechteck in der Mitte ist das längste.

4 Verwende kariertes Papier zum Vergrößern und Verkleinern dieser Figuren.

a)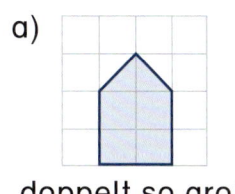

doppelt so groß

b)

halb so groß

c)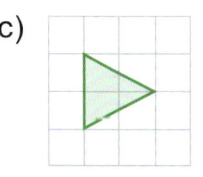

doppelt so groß

5 Zeichne diese Strecken mit dem Lineal.

a) 4 cm 5 mm   c) 6 cm 2 mm   e) 3 cm 6 mm   g) 1 cm 8 mm

b) 2 cm 7 mm   d) 5 cm 4 mm   f) 8 cm 1 mm   h) 4 cm 3 mm

6 Wandle in Millimeter um.

a) 3 cm 4 mm   c) 35 cm 7 mm   e) 6 cm   g) 9 cm 1 mm

b) 7 cm 8 mm   d) 48 cm 5 mm   f) 14 cm   h) 5 cm 7 mm

7 Wandle in Zentimeter und Millimeter um.

a) 25 mm   c) 90 mm   e) 521 mm   g) 902 mm

b) 64 mm   d) 18 mm   f) 236 mm   h) 649 mm

Wiederholung: geometrische Figuren, Symmetrie, Zentimeter und Millimeter

10. Zeig, was du kannst!

Mal und geteilt

1 Rechne und kontrolliere selbst deine Lösungen.

a) 3·62=
b) 9·45=
c) 4·35=
d) 7·19=
e) 8·53=
f) 6·79=
g) 4·91=
h) 2·84=
i) 3·216=
j) 4·199=

Lösungen: | 133 | 140 | 168 | 186 | 364 | 405 | 424 | 474 | 648 | 796 |

2 Rechne und kontrolliere selbst deine Lösungen.

a) 81:3=
b) 96:4=
c) 160:5=
d) 126:7=
e) 814:2=
f) 276:6=
g) 685:5=
h) 117:9=
i) 184:8=
j) 744:3=

Lösungen: | 13 | 18 | 23 | 24 | 27 | 32 | 46 | 137 | 248 | 407 |

3 Berechne die gesuchten Zahlen.

a)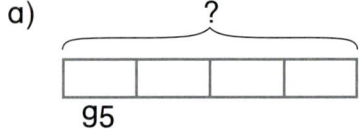

c)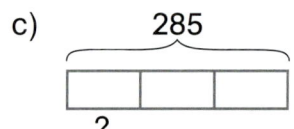

e)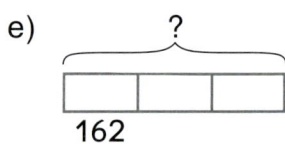

b)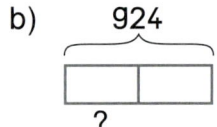

d)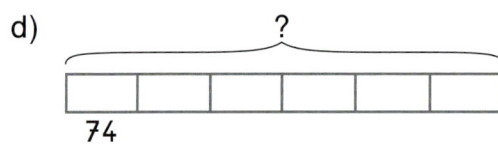

f)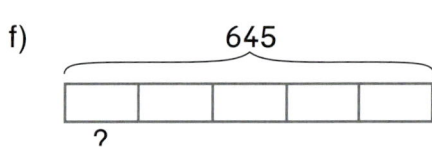

4 Löse die Aufgaben.

a) In einer Schachtel sind 63 Becher.
Wie viele Becher sind in acht Schachteln?

b) In einem Wagon ist Platz für 75 Personen.
Wie viele Personen haben in drei Wagons Platz?

c) Ein Kindertheater wird zwei Mal aufgeführt.
Bei der zweiten Vorstellung sehen 320 Leute zu.
Das sind vier Mal so viele wie bei der ersten Vorstellung.
Wie viele Leute haben die erste Vorstellung gesehen?

d) Herr Muster hat für sein Restaurant 168 neue Teller bestellt.
Immer zwölf Teller sind in eine Schachtel verpackt.
Wie viele Schachteln werden geliefert?

e) Ein Autoreifen kostet 119 Euro.
Wie viel kosten vier Autoreifen?

Wiederholung: halbschriftliche Multiplikation und Division, Balkenmodelle, Sachaufgaben

10. Zeig, was du kannst!

Längenmaße

1 **Beantworte die Fragen.**

a) Wie viele Meter hat ein Kilometer?

b) Wie viele Zentimeter hat ein Meter?

c) Was ist länger: 499 cm oder $\frac{1}{2}$ Meter?

2 **Schreibe mit Komma.**

a) 4 m 23 cm   c) 1 m 3 cm   e) 152 cm   g) 596 cm   i) 114 cm

b) 2 m 80 cm   d) 7 m 9 cm   f) 316 cm   h) 45 cm   j) 605 cm

3 **Rechne in Zentimeter um.**

a) 2 m 18 cm   c) 5 m 2 cm   e) 3,60 m   g) 7,29 m   i) $\frac{1}{2}$ m

b) 9 m 84 cm   d) 7 m 10 cm   f) 1,24 m   h) 4,06 m   j) $3\frac{1}{2}$ m

4 **Die Tabelle zeigt, wie lang und wie alt verschiedene Fische werden können.**

Fischart	Länge	Alter
weiblicher Aal	0,75 m	15 Jahre
männlicher Aal	0,40 m	8 Jahre
Forelle	0,45 m	10 Jahre
Hecht	1,25 m	12 Jahre
Karpfen	1,25 m	30 Jahre
Flussbarsch	0,45 m	11 Jahre
Wels	2,60 m	25 Jahre
Lachs	0,75 m	7 Jahre
europäischer Stör	2,50 m	40 bis 45 Jahre

a) Welcher Fisch kann am längsten werden?

b) Welcher Fisch kann am ältesten werden?

c) Welche Fische bleiben kleiner als $\frac{1}{2}$ Meter?

d) Welche der Fische können länger werden als 1 Meter?

e) Ergänze den Satz: „Ein Karpfen wird etwa doppelt so alt wie ein ..."

f) Ergänze den Satz:„Ein Lachs wird etwa so lang wie ein ..."

g) Wie viele Zentimeter wird der Hecht länger als die Forelle?

h) **AUFGABEN-WERKSTATT**

Denke dir selbst noch drei Aufgaben aus und löse sie.

10. Zeig, was du kannst!

Rechnen mit Geld

1 Ein Stuhl kostet 84 €.
Schreibe eine Tabelle für die Kosten
von 1, 2, 3, 4, 5, 10, 12 Stühlen. Rechne geschickt.

Stühle:	1	2	3
Kosten:	84 €	168 €	25

2 Ein Kissen kostet 19 €.
Schreibe eine Tabelle für die Kosten von 1 bis 10 Kissen.

3 Ein Hocker kostet 124 €.
Schreibe eine Tabelle für die Kosten von 1, 2, 3, 4, 5, 8, 10 Hockern.

4 Wie viel Geld ist das?
Schreibe die Beträge auf zwei Arten.

a)      c)    e)

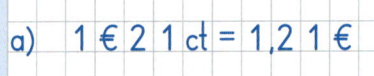

a)   1 € 2 1 ct = 1,2 1 €

b)        d)

5 Verwende zur Lösung der Aufgaben die Preise von Rudis Bäckerei.

Brötchen	€ 0,35	Bauernbrot	€ 2,25
Käsebrötchen	€ 0,89	Roggenbrot	€ 2,59
Kornbrötchen	€ 0,59	Vollkornbrot	€ 2,99
Laugenbrezel	€ 1,19	Baguette	€ 1,39

a) Was ist das teuerste Produkt in Rudis Bäckerei?

b) Was kostet mehr, das Käsebrötchen oder das Kornbrötchen?
Wie viel kostet es mehr?

c) Frau Al Sayed kauft zwei Bauernbrote. Wie viel kostet das?

d) Anita kauft eine Laugenbrezel und zahlt mit einer 2-Euro-Münze.
Berechne das Rückgeld.

e) Herr Berger kauft ein Vollkornbrot und ein Baguette. Wie viel kostet das?

f) Frau Meier bezahlt 2 € 84 ct. Was könnte sie gekauft haben?

g) **AUFGABEN-WERKSTATT**

Denke dir selbst noch drei Aufgaben aus und löse sie.

> Denke daran,
> Antworten zu
> schreiben!

Wiederholung: Rechnen mit Geld, Kommaschreibweise, Sachaufgaben

Knobelaufgabe

★ Überlege, wie du die Knobelaufgabe lösen kannst.
Sprich mit anderen Kindern darüber.

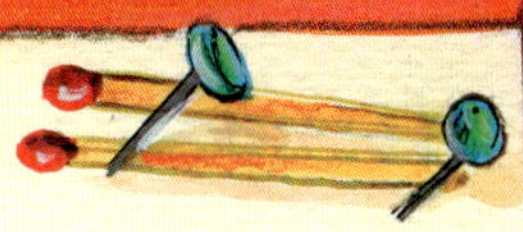

1 Die Kinder legen Streichholzmuster.
Schreibe die Tabellen in dein Heft.

a) Beate will eine lange Reihe mit Quadraten legen.
Wie viele Streichhölzer braucht sie?

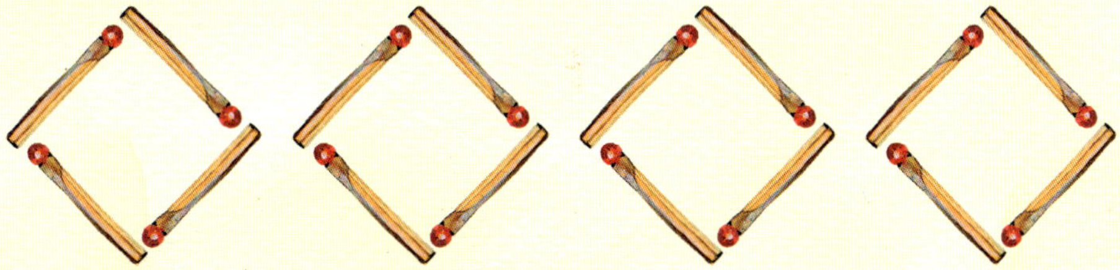

Quadrate:	1	2	3	4	5	20	7	8
Streichhölzer:	4	8						

b) Rudi legt auch eine Reihe mit Quadraten, aber anders
als Beate. Wie viele Streichhölzer braucht er?

Quadrate:	1	2	3	4	5	20	7	8
Streichhölzer:	4							

c) Andrea legt ihre Reihe mit immer zwei Streichhölzern pro Seite.
Wie viele Streichhölzer braucht sie?

Quadrate:	1	2	3	4	5	30	6	9
Streichhölzer:	8							

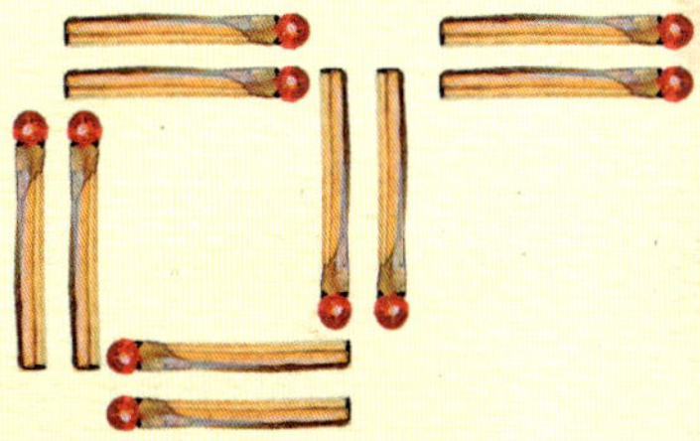

d) Denke dir selbst ein Streichholzmuster aus und erstelle eine Tabelle.

11. Schriftliche Addition

1 Beschreibe, wie die Maschine die Aufgabe 236 + 712 löst.

⭐ Finde eine Rechnung, bei der sich die Maschine verrechnet.
Begründe.

2 Zeichne Rechenmaschinen und löse die Aufgaben.

a) 621 + 235

b) 342 + 116

c) 508 + 251

d) 725 + 43

e) 37 + 612

f) 204 + 323

g) 192 + 506

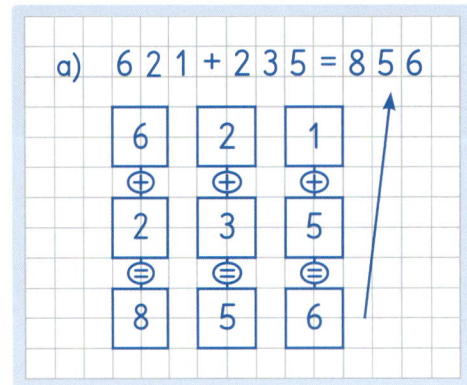

Statt **einer großen Rechnung** löst die Maschine **drei kleine Rechnungen!**

Bleib in Form!

3 Wie viel Geld ist das?

a) 10 Cent weniger als 2 Euro.

b) 1 Cent weniger als 10 Euro.

c) 30 Cent weniger als 2,50 Euro.

d) 3 Euro mehr als 1,50 Euro.

e) 20 Cent mehr als 4,90 Euro.

f) 50 Cent mehr als 70 Cent.

Schriftliche Addition ohne Übertrag
1) Die Rechenmaschine rechnet jede Stelle getrennt und berücksichtigt keinen Übertrag.

11. Schriftliche Addition

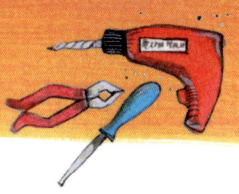

Schriftliche Addition

Schreibe die Zahlen untereinander.
Dann rechne Spalte für Spalte.
Beginne rechts.

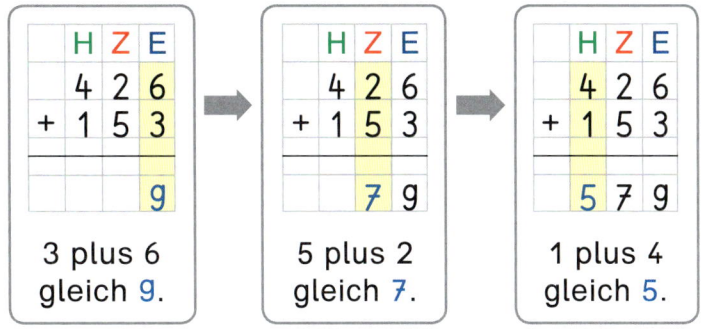

H	Z	E
4	2	6
+ 1	5	3
		9

3 plus 6 gleich 9.

H	Z	E
4	2	6
+ 1	5	3
	7	9

5 plus 2 gleich 7.

H	Z	E
4	2	6
+ 1	5	3
5	7	9

1 plus 4 gleich 5.

1 Rechne.

a)
H	Z	E
3	1	2
+2	6	4
5	7	6

b)
H	Z	E
1	5	2
+6	3	2

c)
H	Z	E
7	0	5
+	4	2

d)
H	Z	E
2	7	1
+6	1	6

e)
H	Z	E
	3	8
+8	4	0

f)
H	Z	E
4	8	0
+1	1	6

2 Rechne und kontrolliere selbst die Ergebnisse.

a) 416 + 532   d) 523 + 62   g) 251 + 233   j) 825 + 32

b) 603 + 154   e) 407 + 362   h) 402 + 313   k) 120 + 301

c) 741 + 215   f) 143 + 506   i) 164 + 132   l) 200 + 120

Lösungen:
296 320 421 484
585 649 715 757
769 857 948 956

3 Was hat Andrea bei diesen Aufgaben falsch gemacht?
Erkläre und löse die Rechnungen selbst richtig.

	4	2	3
+		3	5
	7	7	3	f

		8	2
+	1	0	4
	9	2	4	f

4 Kopfrechnen oder schriftlich rechnen?
Entscheide selbst und löse die Aufgaben.

a) 425 + 200

b) 615 + 204

c) 300 + 150

425 + 200
löse ich im Kopf!

d) 327 + 450   g) 741 +   7

e) 50 + 604   h) 520 + 199

f) 741 + 135   i) 183 + 512

5 Welche Ziffer fehlt?

 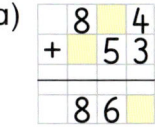

a)
	8	4
+		5	3
	8	6

b)
	4	2
+2	3	
8		8

c)
	2	5
+1	3	
8		9

d)
	2	0
+1		1
	0	9

e)
	7	4
+		5	1
	9	8	

Schriftliche Addition ohne Übertrag
3) Besprechen Sie mit den Kindern das stellenwertrichtige Anschreiben der Zahlen.

63

11. Schriftliche Addition

Addition mit Übertrag

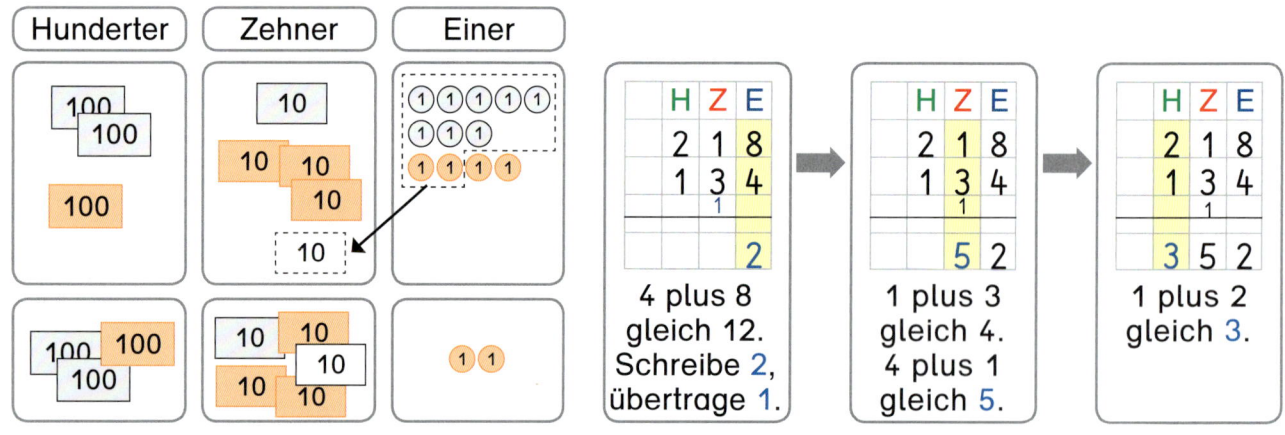

Hunderter	Zehner	Einer
100 100 100	10 10 10 10 10	① ① ① ① ① ① ① ① ① ① ① ① ① ①
100 100 100	10 10 10 10	① ①

H	Z	E
2	1	8
1	3	4
	1	
		2

4 plus 8 gleich 12. Schreibe 2, übertrage 1.

H	Z	E
2	1	8
1	3	4
	1	
	5	2

1 plus 3 gleich 4. 4 plus 1 gleich 5.

H	Z	E
2	1	8
1	3	4
	1	
3	5	2

1 plus 2 gleich 3.

---

1 Löse die Aufgaben im Kopf und mit der schriftlichen Addition.

a) 348 + 2

b) 815 + 5

c) 197 + 3

d) 329 + 3

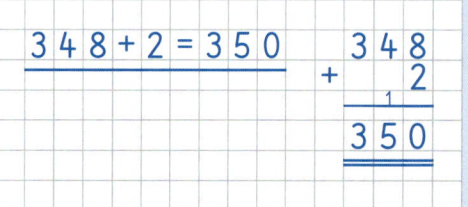

348 + 2 = 350

```
  348
+   2
   1
  350
```

Du kannst die Aufgaben auch legen!

---

2 Rechne.

a)
H	Z	E
2	1	9
+1	4	4
	1	
3	6	3

b)
H	Z	E
	7	6	5
+2	0	8

c)
H	Z	E
	2	6	8
+	2	5

d)
H	Z	E
	3	5	8
+3	2	8

e)
H	Z	E
	6	0	2
+1	1	9

f)
H	Z	E
	8	2	9
+	3	1

---

3 Rechne und kontrolliere selbst die Ergebnisse.

a) 436 + 248   c)   38 + 704   e) 152 + 39   g) 207 + 685

b) 249 + 706   d) 515 + 169   f) 537 + 244   h)   74 + 316

Lösungen:

| 191 | 390 | 684 | 684 |
| 742 | 781 | 892 | 955 |

Bleib in Form!

4 Wie viel Euro sind das? Schreibe die Beträge mit Komma.

a)

b)

c)

Schriftliche Addition mit Übertrag
1) Spielen Sie mit den Kindern einige Aufgaben mit Legematerial durch.

11. Schriftliche Addition

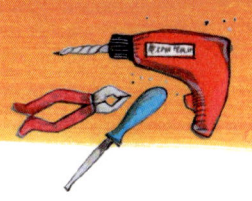

Übertrag von Zehnern auf Hunderter

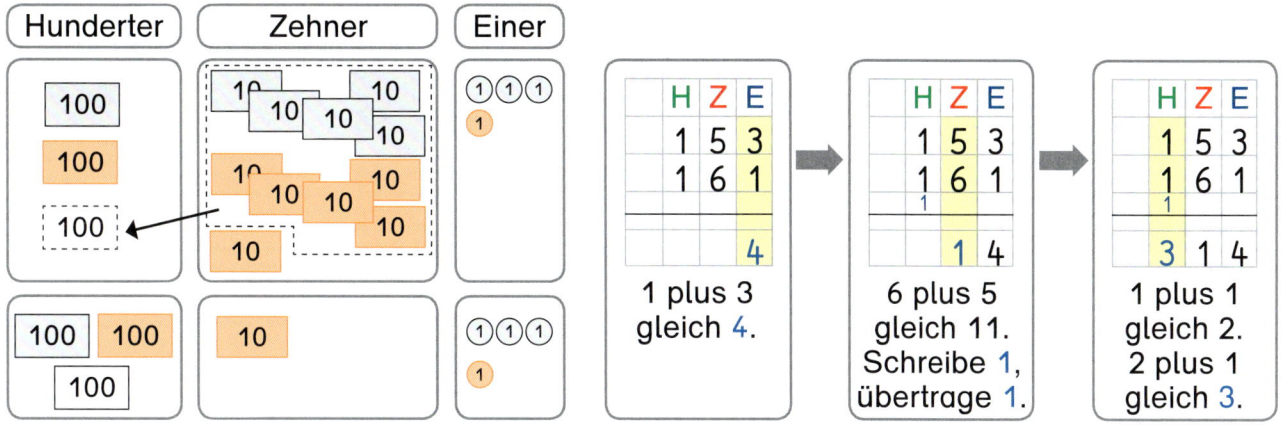

H	Z	E
1	5	3
1	6	1
		4

1 plus 3
gleich 4.

H	Z	E
1	5	3
1	6	1
	1	
	1	4

6 plus 5
gleich 11.
Schreibe 1,
übertrage 1.

H	Z	E
1	5	3
1	6	1
	1	
3	1	4

1 plus 1
gleich 2.
2 plus 1
gleich 3.

---

1 Löse die Aufgaben im Kopf und mit der schriftlichen Addition.

a) 570 + 30

b) 290 + 10

c) 180 + 30

d) 690 + 50

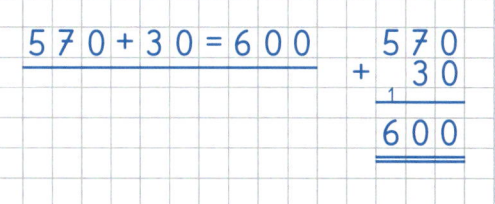

$$570 + 30 = 600$$

```
    5 7 0
+     3 0
  1
    6 0 0
```

Das geht genauso
wie bei Einern und
Zehnern.

---

2 Rechne.

a)
```
  H Z E
  1 7 4
+ 2 6 4
  1
  4 3 8
```

b)
```
  H Z E
  3 9 2
+   8 4
```

c)
```
  H Z E
  1 7 0
+ 5 4 4
```

d)
```
  H Z E
  4 8 3
+ 2 6 5
```

e)
```
  H Z E
  5 5 2
+   9 4
```

f)
```
  H Z E
  5 7 6
+ 1 6 2
```

---

3 Rechne und kontrolliere selbst die Ergebnisse.

a) 322 + 495   c) 95 + 692   e) 543 + 183   g) 362 + 184

b) 153 + 62   d) 253 + 554   f) 421 + 193   h) 753 + 92

Lösungen:

215	546	614	726
787	807	817	845

---

4 Welche Ziffer fehlt?

a)
```
  3 ☐ 2
+   5 9
  8 7 ☐
```

b)
```
  ☐ 4 2
+ 2 8 ☐
  5 ☐ 7
```

c)
```
  1 8 ☐
+ 3 ☐ 5
  ☐ 9 3
```

d)
```
  ☐ 1 6
+ 3 9 ☐
  6 ☐ 6
```

e)
```
  3 5 ☐
+   3 6
  4 ☐ 5
```

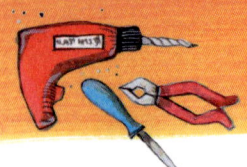

11. Schriftliche Addition

1 Rechne.

a) 649 + 178

b) 197 + 225

c) 546 + 48

d) 358 + 263

```
  6 4 9
+ 1 7 8
  1 1
  8 2 7
```

e) 187 + 144

f) 96 + 315

g) 536 + 268

h) 774 + 49

i) 634 + 189

j) 143 + 297

k) 375 + 96

l) 68 + 439

Es können auch mehrere Überträge in einer Rechnung auftreten.

2 Kopfrechnen oder schriftlich rechnen?
Entscheide bei jeder Aufgabe selbst und kontrolliere selbst die Ergebnisse.

a) 675 + 18

b) 120 + 640

c) 417 + 500

d) 10 + 365

e) 487 + 15

f) 436 + 248

g) 576 + 162

h) 812 + 70

i) 249 + 706

j) 199 + 150

k) 322 + 495

l) 197 + 191

Lösungen:

349	375	388	502
684	693	738	760
817	882	917	955

3 **AUFGABEN-WERKSTATT**

a) Bilde mit den Ziffernkarten 0, 1, 2, 3, 4 und 5
drei verschiedene Additionsaufgaben und löse sie.

b) Bilde mit den Ziffernkarten 4, 5, 6, 7, 8 und 9
drei verschiedene Additionsaufgaben und löse sie.

★ c) Bilde mit den Ziffernkarten 1, 2, 4, 5, 7 und 8
drei verschiedene Additionsaufgaben,
bei denen als Summe eine gerade Zahl herauskommt.

★ d) Bilde mit den Ziffernkarten 0, 1, 2, 6, 7 und 9
drei verschiedene Additionsaufgaben,
bei denen die Summe kleiner als 400 ist.

★ e) Denke dir selbst eine Aufgabe für Ziffernkarten aus!

```
  3 5 1
+ 2 4 0
```

Bleib in Form!

4 Welche Zahlen sind auf dem Zahlenstrahl markiert?

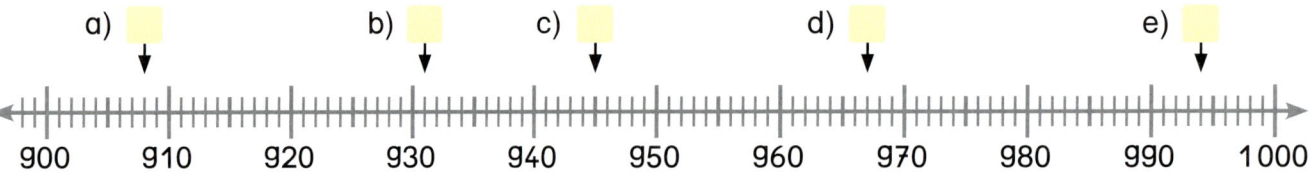

a)   b)   c)   d)   e)

900 910 920 930 940 950 960 970 980 990 1000

5 Wie lauten die Nachbarzahlen?

a) 204

b) 700

c) 340

d) 812

e) 599

Schriftliche Addition, Sachaufgaben
3) Spielen Sie mit den Kindern eine Aufgabe mit Ziffernkarten durch. Jede Ziffer kann dabei nur einmal verwendet werden.

66

11. Schriftliche Addition

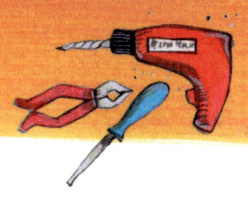

1 Die Tabelle zeigt, wie viele Karten in der letzten Woche für die Zaubervorstellung verkauft wurden.

	MO	DI	MI	DO	FR	SA	SO
Vollpreis:	104	253	0	216	232	198	146
Ermäßigt:	72	129	0	195	208	185	95

a) An welchem Tag war keine Vorstellung?

b) Berechne für jeden Tag, wie viele Karten verkauft wurden.

2 Mache einen Überschlag. Berechne dann das genaue Ergebnis.

a) Im Briefmarkenmuseum waren am Samstag
584 Besucher und am Sonntag 358 Besucher.
Wie viele Menschen haben am Wochenende
das Museum besucht?

b) Beim Stadtlauf haben 413 Erwachsene
und 295 Kinder mitgemacht.
Wie viele Leute waren das?

c) Bei der Schulsprecherwahl bekam Helene 134 Stimmen.
Andrea bekam 97 Stimmen.
Wie viele Kinder haben gewählt?

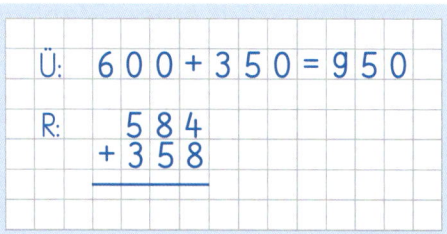

Ü: 600 + 350 = 950

R: 584
   + 358

Überschlag

3 Mache einen Überschlag. Berechne dann das genaue Ergebnis.

a)
H	Z	E	
	3,	1 6	€
+	2,	5 2	€
	5,	6 8	€

b)
H	Z	E	
	4,	3 2	€
+	1,	1 0	€

c)
H	Z	E	
	7,	0 9	€
+	5,	6 4	€

d)
H	Z	E	
	2,	8 0	€
+	2,	5 6	€

e)
H	Z	E	
1	2,	4 2	€
+ 2	5,	9 0	€

f)
H	Z	E	
4	1,	2 7	€
+ 1	6,	1 5	€

g)
H	Z	E	
3	9,	5 0	€
+	6,	9 9	€

h)
H	Z	E	
8	7,	5	€
+ 8	1,	4 6	€

4 Addiere die Geldbeträge.

a) 2,15 € + 6,29 €

b) 1,62 € + 4,25 €

c) 7,99 € + 1,30 €

d) 6,72 € + 0,45 €

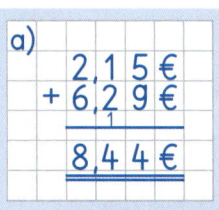

a)
   2,1 5 €
 + 6,2 9 €
   8,4 4 €

Schreibe immer
Komma unter Komma!

e) 15,20 € + 3,74 €

f) 19,45 € + 42,16 €

g) 53,03 € + 12,95 €

h) 25,60 € + 18,49 €

Schriftliche Addition, Sachaufgaben, Überschlag, Rechnen mit Komma
4) Klären Sie mit den Kindern, wie man Kommazahlen anschreibt.

11. Schriftliche Addition

1 Wie viel bezahlen die Leute?
Berechne erst einen Überschlag und dann den genauen Betrag.

Onkel Toms Super-Scooter Laden

Trend Scooter 79,90 €	Standardhelm 59,99 €	Fahrradschloss klein 8,79 €
Maxi Scooter 149,95 €	Profihelm 95,70 €	Fahrradschloss groß 16,85 €

a) Gloria kauft einen Trend Scooter und ein kleines Fahrradschloss.

b) Tina kauft einen Standardhelm und ein großes Fahrradschloss.

c) Herr Müller kauft einen Maxi Scooter und einen Profihelm.

d) Tamara kauft ein kleines und ein großes Fahrradschloss.

e) Mirko kauft einen Trend Scooter und ein großes Fahrradschloss.

f) **AUFGABEN-WERKSTATT**

Denke dir selbst drei Aufgaben aus und löse sie.

```
Ü:   80 € + 9 € = 89,- €
R:      79,90 €
     +   8,79 €
```

2 Reicht das Geld?

Rechne nur mit Überschlägen. Verwende die Preise aus Aufgabe 1.

a) Kann man mit 100 Euro einen Scooter und einen Helm kaufen?

b) Jelena hat von ihrer Oma 100 Euro bekommen. Sie möchte einen Scooter und ein Fahrradschloss. Reicht ihr Geld?

c) Max will den teuersten Scooter, den besten Helm und das größte Fahrradschloss. Reichen 300 € dafür aus?

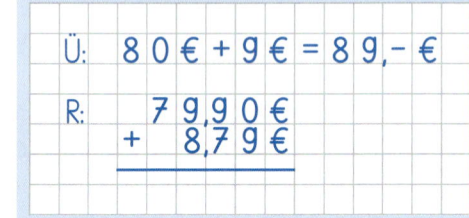

Bleib in Form!

3 Runde die Zahlen auf ganze Zehner.

a) 314 ≈
b) 735 ≈
c) 682 ≈
d) 461 ≈
e) 897 ≈
f) 992 ≈

4 Runde die Zahlen auf ganze Hunderter.

a) 173 ≈
b) 925 ≈
c) 402 ≈
d) 849 ≈
e) 257 ≈
f) 652 ≈

12. Geometrische Körper

1 Die Kinder haben das Bauwerk skizziert.
Wer hat welches Bild gezeichnet?

a)　　　　　b)　　　　　c)　　　　　d)

2 Welches Bild gehört zu welchem Kind?

A　　　　　B　　　　　C

Nora
Linn
Cedric

3 Baue selbst mit Würfeln
und betrachte dein Bauwerk von allen Seiten.

4 Zeichne die Ansichten von vorne, von oben und von links in dein Heft.

a) 　　b) 　　c) 　　d)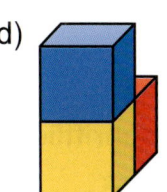

Orientierung im Raum: Ansichten von Bauwerken

12. Geometrische Körper

Baupläne

Die Zahlen in den Feldern geben an, wie viele Würfel auf diesem Feld stehen.

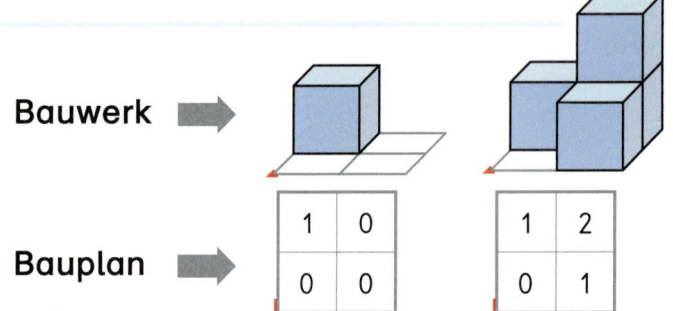

Bauwerk ➡

Bauplan ➡

1 Erstelle die Baupläne für diese Bauwerke.

a)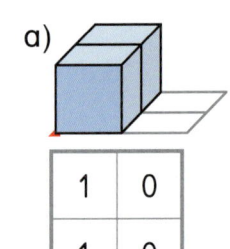

1	0
1	0

b)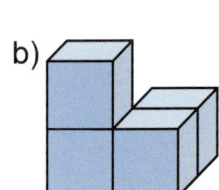

c)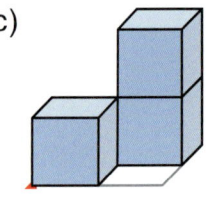

d)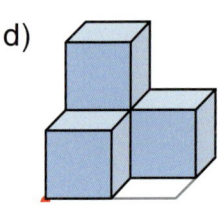

e)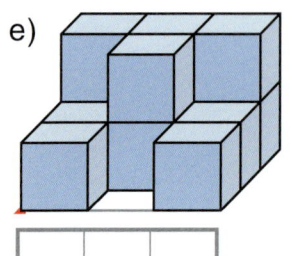

f)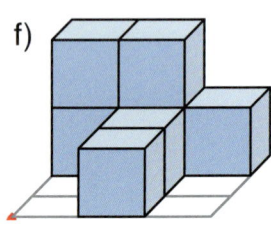

g)

2 Aus wie vielen Würfeln bestehen die Bauwerke aus Aufgabe 1?

3 Erstelle Bauwerke zu diesen Bauplänen.

a)

0	1
1	2

b)

1	2
2	3

c)

2	1
1	2

d)

2	2
0	1

e)

1	0	1
2	3	2
1	0	1

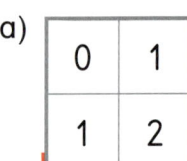

Bleib in Form!

4 Rechne schriftlich.

a) 526+103   b) 218+651   c) 395+142   d) 726+57   e) 68+245

12. Geometrische Körper

1   Baue einen Würfel aus Tonpapier.

1. Schneide 6 Quadrate mit 4 cm Seitenlänge aus Tonpapier aus.

2. Klebe die Quadrate mit Klebeband zu einem Würfelnetz zusammen.

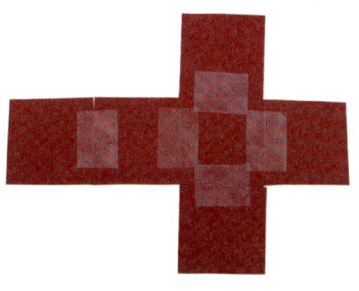

3. Klappe die Flächen zu einem Würfel zusammen.

Würfelnetz

2   Gib an, ob man aus diesen Netzen einen Würfel falten kann oder nicht.

a)
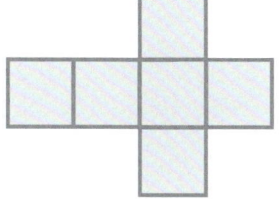

c)
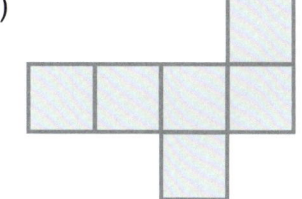

e)
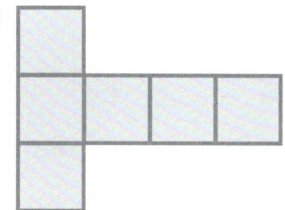

b)

d)
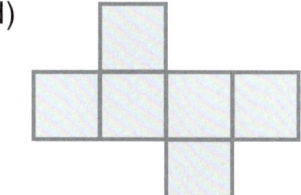

f)
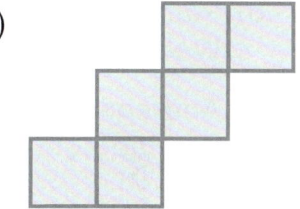

3   ★   Stelle dir vor, dass diese Netze zu Würfeln gefaltet werden. Zeichne sie ins Heft und beschrifte ihre Flächen:

U ... unten
O ... oben
V ... vorne
H ... hinten
L ... links
R ... rechts

a)
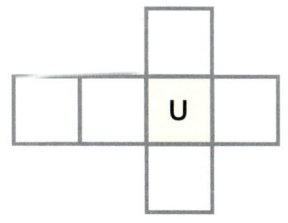

b)
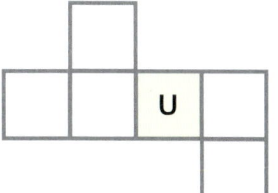

d)
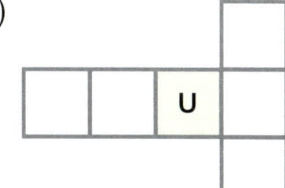

a)
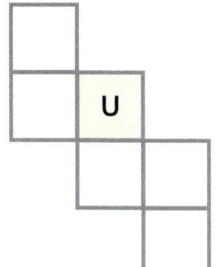

c)
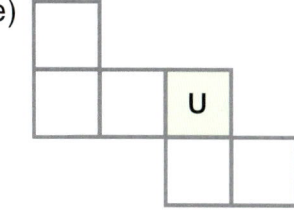

e)

Würfelnetze, Geometrie im Kopf
1) Weitere Vorschläge zur Arbeit mit Würfelnetzen ▶ LH
3) Weitere Aufgaben zur Kopfgeometrie ▶ LH

71

12. Geometrische Körper

1 Erstelle Würfelnetze durch Kippen eines Würfels.

Ziehe die Kanten des Würfels nach.

Kippe den Würfel.

Zeichne die Punkte in das Feld.

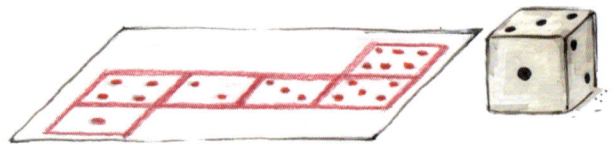

Das ist dein fertiges Würfelnetz!

2 Beantworte die Fragen zum Würfel.

a) Wie viele Punkte sind insgesamt auf einem Würfel?

b) Petra wirft eine Vier.
Welche Zahl liegt unten?

c) Andreas wirft eine Eins.
Welche Zahl liegt unten?

d) Otto wirft eine Fünf.
Welche Zahlen kann man auf dem Würfel noch sehen,
ohne ihn hochzuheben?

> Bei einem Würfel
> ist die Summe
> der gegenüberliegenden
> Punkte immer gleich 7.

3 Zeichne die Würfelnetze in dein Heft. Ergänze die fehlenden Punkte.

★ a) 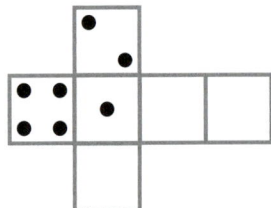   b) 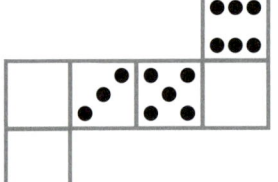   c)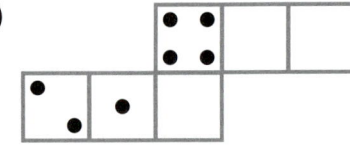

Bleib in Form!

4 Kopfrechnung oder schriftliche Addition?
Entscheide selbst und löse die Aufgaben.

a) 473+200   b) 620+140   c) 124+394   d) 253+418   e) 363+30

Würfel, Würfelnetze, Lage der Flächen
2) Lassen Sie die Kinder mit einem Würfel experimentieren.

72

12. Geometrische Körper

 **Würfel** 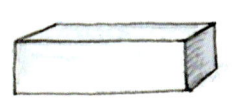 **Quader**  **Zylinder**  **Kegel**  **Kugel** 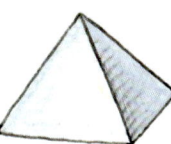 **Pyramide**

1 **Wie heißen diese Körper?**

a) 　　b) 　　c) 　　d)

2 **Wie viel Ecken, Kanten und Flächen haben diese Körper?**
Schreibe eine Tabelle.

	Würfel	Quader	Zylinder	Kegel	Kugel	Pyramide
Ecken	8					
Kanten						
Flächen						

3 **Zu welchen Körpern passen diese Beschreibungen?**

a) Dieser Körper hat vier dreieckige Flächen.

b) Diese beiden Körper haben eine Spitze.

c) Diese beiden Körper können gut rollen.

d) Dieser Körper hat acht Ecken. Er ist aber kein Würfel.

e) **AUFGABEN-WERKSTATT**

Denke dir selbst eine Beschreibung aus!

4 **Beschreibe die Bauwerke.**

a) 　b) 　c) 　d) 　e)

Schloss　　**Stadtturm**　　**Museum**　　**Bahnhof**　　**Wetterstation**

a) Das Schloss besteht aus einem Würfel und vier Türmen. Die Türme sind Zylinder. Ihre Dächer sind ...

12. Geometrische Körper

1 Aus welchem Karton kann man welche Verpackung falten?

Verpackung 1   Verpackung 2   Verpackung 3   Verpackung 4

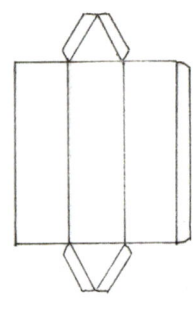
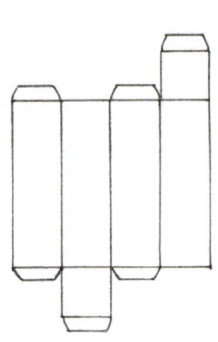
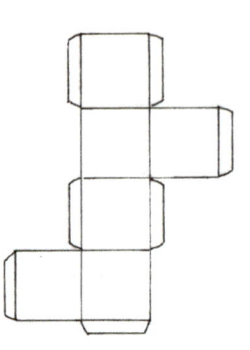
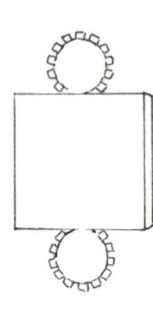

Karton A   Karton B   Karton C   Karton D

2 Stelle einen Quader auf ein Blatt Papier.
Kippe ihn und zeichne sein Netz.

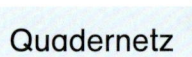
Quadernetz

3 Stelle dir vor, dass diese Netze zu Quadern gefaltet sind.
★ Zeichne sie ins Heft und beschrifte ihre Flächen:

U ... unten
O ... oben
V ... vorne
H ... hinten
L ... links
R ... rechts

a)

b)

Bleib in Form!

4 Addiere die Geldbeträge. Rechne schriftlich.

a) 3,18 € + 1,25 €   b) 7,95 € + 1,24 €   c) 15,12 € + 3,60 €   d) 9,42 € + 23,55 €

13. Gewicht

1   **Die Kinder sind müde vom Wandern.**

a) Die Kinder haben sechs Rucksäcke. Wie oft müssen sie wiegen, um den schwersten zu finden?

b) Vergleiche deine Schultasche mit anderen Kindern.

schwerer als,
leichter als
am schwersten,
am leichtesten

2   **Finde Gegenstände, die ein Kilogramm schwer sind.**

3   **Wer hat die schwersten Hausschuhe?**

4   **Ordne diese Dinge nach ihrem Gewicht. Beginne bei dem leichtesten.**

a) Schere, Schultasche, Buch

b) Hausschuh, Bleistift, Apfel

c) Jacke, Mütze, Taschentuch

d) Stuhl, Tisch, Glas

Vergleich von Gewichten (Massen), Maßeinheit Kilogramm

13. Gewicht

1 Hilf dem Koch Gianni die richtigen Gewichte auf die Waage zu legen. Rechts siehst du, welche Gewichte er hat.

1 Kilogramm = 1000 Gramm
1 kg = 1000 g
$\frac{1}{2}$ kg = 500 g

a) 800 g Mehl

$$800\,g = 500\,g + 200\,g + 100\,g$$

b) 250 g Zucker

c) 30 g Butter

d) 70 g Kokosflocken

e) $\frac{1}{2}$ kg Cornflakes

f) 910 g Nüsse

g) 1 kg Grieß

h) 90 g Mohn

i) 480 g Mehl

2 Wie viel ist in diesen Packungen? Finde die Gewichtsangabe.

a) b) c) d) e)

3 **AUFGABEN-WERKSTATT**

Sammle zehn Verpackungen von Lebensmitteln und finde die Gewichtsangabe. Schreibe eine Tabelle mit Produkt und Gewicht.

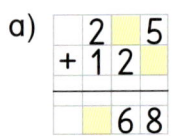

Bleib in Form!

4 Welche Ziffer fehlt?

a)
```
  2 5
+ 1 2
-----
  6 8
```

b)
```
  4 2
+ 5 6
-----
  6 7
```

c)
```
  3 1
+   2
-----
8 2 4
```

d)
```
  4 3
+ 2 5
-----
  2 3
```

e)
```
  1 6
+ 4 3
-----
5   1
```

Maßeinheiten: Gramm und Kilogramm, Wägen

13. Gewicht

1 Finde weitere Gegenstände, die in die Tabelle passen.
Die Gewichte müssen nur ungefähr stimmen.

1 g	10 g	100 g	250 g	500 g	1 kg
zwei Büro-klammern	Packung Backpulver	Tafel Schokolade	Becher Joghurt	Packung Nudeln	Packung Milch (1 Liter)
100-Euro-Schein	2-Euro-Münze	Packung Wurst	Packung Butter	drei große Äpfel	leerer Schulranzen

2 Ergänze immer auf ein Kilogramm.

a) 750 g
b) 600 g
c) 890 g
f) 982 g
i) 740 g

d) 980 g
g)   5 g
j) 380 g

e) 150 g
h) 500 g
k) 915 g

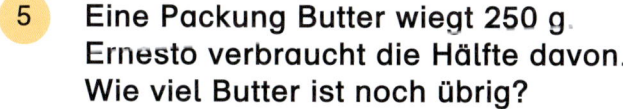

a) 7 5 0 g + 2 5 0 g = 1 kg

3 Leo nimmt 50 g Zucker aus einer 500-Gramm-Packung.
Wie viel Zucker ist noch in der Packung?

4 Maria öffnet eine Packung mit 1 kg Mehl.
Nacheinander nimmt sie 100 g, 350 g und 70 g heraus.
Wie viel Mehl ist noch in der Packung?

5 Eine Packung Butter wiegt 250 g.
Ernesto verbraucht die Hälfte davon.
Wie viel Butter ist noch übrig?

6 Helge verwendet Roggenmehl zum Backen.
Als er fertig ist, sind noch 345 g Mehl in der Packung.
Wie viel Mehl hat er verbraucht, wenn zuvor 1 kg in der Packung war?

7 In einer Packung sind $\frac{1}{2}$ kg Nudeln.
Anita nimmt erst die Hälfte heraus und dann weitere 90 Gramm.
Wie viel ist noch in der Packung?

8 **AUFGABEN-WERKSTATT**

a) Schreibe diese Aufgabe fertig und löse sie.
„In einer Packung sind 300 Gramm geriebener Käse …"

b) Denke dir eine eigene Aufgabe aus und löse sie.

Repräsentanten für Gewichte
1) Wiegen Sie mit den Kindern die Gegenstände ab.

13. Gewicht

1 Ordne die Gewichte richtig zu.

Erwachsener	Kinderrad	Katze	kleines Auto
1 t	10 kg	85 kg	3 kg

> 1 Tonne = 1000 kg
> 1 t = 1000 kg

2 Ordne die Zootiere in Gewichtsgruppen. Ergänze die Tabelle.

Gruppe A unter 10 kg	Gruppe B 10 bis 50 kg	Gruppe C 51 bis 150 kg	Gruppe D 151 bis 300 kg	Gruppe E über 300 kg
Papagei,				

Elefant: 4 t	Gazelle: 35 kg	Zebra: 390 kg	Strauß: 120 kg
Papagei: 1 kg	Wasserbüffel: 1 t	Gürteltier: 25 kg	
Spornschildkröte: 50 kg	Wolf: 60 kg	Schimpanse: 60 kg	
Riesenschlange: 12 kg	Erdmännchen: 1 kg	Bergziege: 40 kg	
Gorilla: 155 kg	Steinadler: 5 kg	Esel: 230 kg	Wildschwein: 145 kg

3 Zu den Bremer Stadtmusikanten gehörten ein Esel, ein Hund, eine Katze und ein Hahn.
Zur Vertreibung von Räubern stellten sie sich übereinander.
Schätze die Gewichte der Tiere und beantworte die Fragen.

a) Welches Gewicht musste der Esel tragen?

b) Wie schwer waren die Tiere zusammen?

Denkmal der Bremer Stadtmusikanten in Bremen

4 Ein Pandabär wiegt etwa 90 kg.
Braunbären sind rund vier Mal so schwer.
Wie viel wiegt ein Braunbär?

5 **AUFGABEN-WERKSTATT**

Denke dir drei Aufgaben zum Gewicht von Tieren aus und löse sie.
Verwende dabei: schwerer als, leichter als, zusammen.

> **Bleib in Form!**

6 Rechne im Kopf.

a) 240 + 100
240 + 99

b) 380 + 200
380 + 199

c) 710 + 60
710 + 59

d) 550 + 400
550 + 399

e) 130 + 200
130 + 199

14. Schriftliche Subtraktion

1 Zeichne Rechenmaschinen und löse die Aufgaben.

Wie viel kosten die folgenden Gegenstände jetzt weniger?

a) Flugzeug

b) Fliegenfänger

c) Mülltonne

d) mechanischer Hund

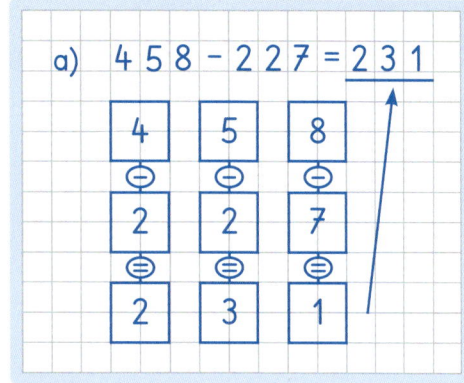

Bei der Subtraktion kann man die Zahlen genauso zerlegen wie bei der Addition!

Schriftliche Subtraktion

Schreibe die Zahlen untereinander. Dann rechne Spalte für Spalte, von rechts nach links.

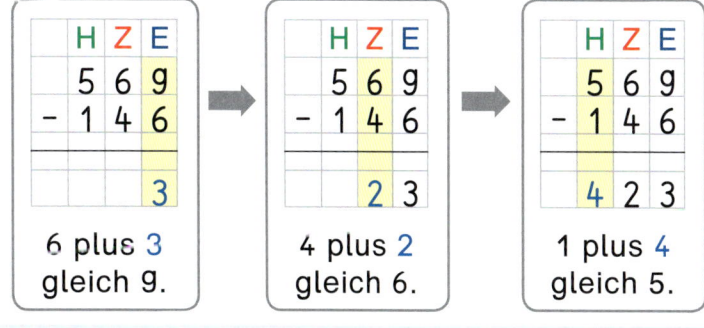

2 Rechne und kontrolliere selbst die Ergebnisse.

H	Z	E
7	5	4
-6	0	2
1	5	2

H	Z	E
9	8	3
-4	6	0

H	Z	E
3	6	8
-	3	2

H	Z	E
5	7	1
-2	6	1

H	Z	E
6	1	8
-4	0	4

H	Z	E
8	5	6
-2	1	3

H	Z	E
7	9	3
-	5	2

H	Z	E
9	4	5
-3	2	1

H	Z	E
4	4	8
-2	4	0

H	Z	E
8	9	6
-1	6	5

Lösungen:

152 208 214 310 336
523 624 643 731 741

Schriftliche Subtraktion ohne Unterschreitung, Ergänzungsverfahren

Subtraktion mit Unterschreitung

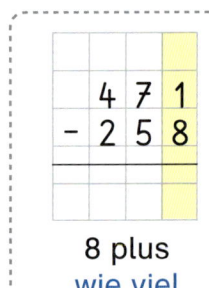

8 plus
wie viel
ist gleich 1?
Das geht nicht.

Wir geben oben
10 Einer und unten →
1 Zehner dazu.

471

10 E

1 Z

258

Unterschied
ändert sich nicht!

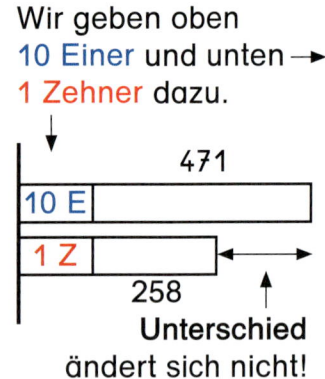

8 plus 3
gleich 11.
Übertrage 1.

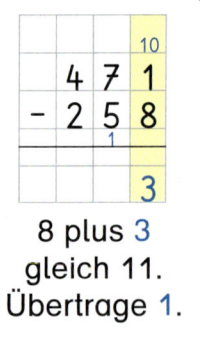

1 plus 5
gleich 6.
6 plus 1
gleich 7.

2 plus 2
gleich 4.

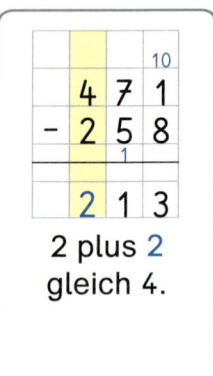

---

1 Rechne erst im Kopf. Rechne dann die schriftliche Subtraktion.

a) 321 – 2

b) 652 – 4

c) 190 – 5

d) 435 – 5

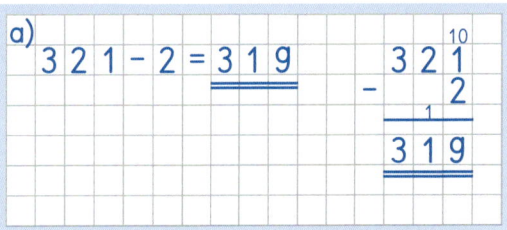

Bei diesen
Aufgaben ist
die Kopfrechnung
einfacher!

---

2 Rechne und kontrolliere selbst die Ergebnisse.

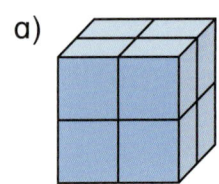

```
  472        891        543        765        956        890
- 239      - 164      - 108      - 319      - 217      - 146
-----
  233
```

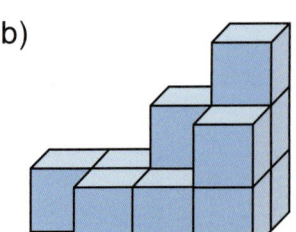

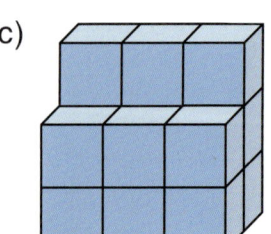

Lösungen:

| 233 | 242 | 343 | 435 | 437 |
| 446 | 713 | 727 | 739 | 744 |

```
  860        941        590        681
- 517      - 228      - 153      - 439
```

Bleib in Form!

3 Aus wie vielen Würfeln bestehen diese Bauwerke?

a)

b)

c)

d)

Schriftliche Subtraktion mit Unterschreitung, Erweiterungsverfahren
1) Die analoge Einführung des Ergänzungsverfahrens befindet sich im Anhang.

80

Erweitern um 100

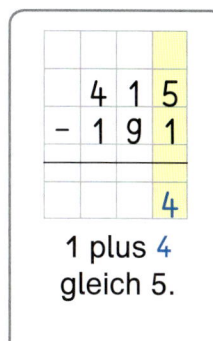

1 plus 4 gleich 5.

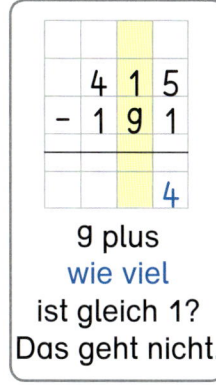

9 plus wie viel ist gleich 1? Das geht nicht.

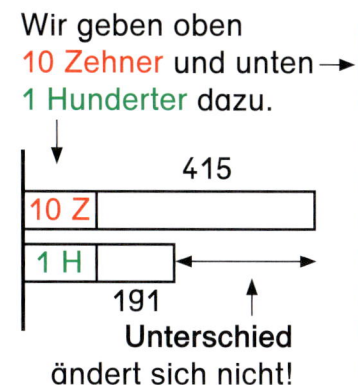

Wir geben oben 10 Zehner und unten → 1 Hunderter dazu.

Unterschied ändert sich nicht!

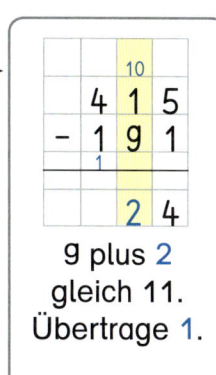

9 plus 2 gleich 11. Übertrage 1.

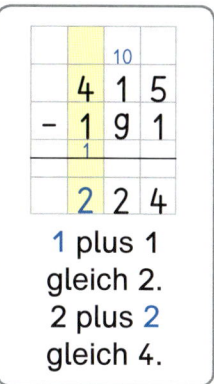

1 plus 1 gleich 2. 2 plus 2 gleich 4.

---

1 Rechne erst im Kopf. Rechne dann die schriftliche Subtraktion.

a) 510 − 20

b) 830 − 40

c) 300 − 60

d) 920 − 30

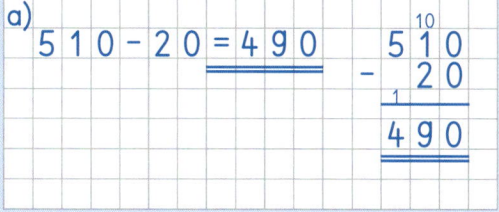

Das geht genauso wie bei der Erweiterung um 10.

---

2 Rechne und kontrolliere selbst die Ergebnisse.

```
  8 2 6        9 1 5        4 6 9        5 0 6        3 4 2        7 3 5
- 2 8 4      - 7 9 1      - 1 8 3      - 1 5 2      -   8 2      - 2 8 4
---------    ---------    ---------    ---------    ---------    ---------
  5 4 2
```

```
  6 4 7        2 0 4        7 8 2        6 4 8
- 1 9 5      -   6 3      - 3 9 0      -   5 7
---------    ---------    ---------    ---------
```

Lösungen:

124 141 260 286 354
392 451 452 542 591

---

3 Kopfrechnen oder schriftlich rechnen?
Entscheide selbst und löse die Aufgaben.

a) 750 − 30

b) 615 − 15

c) 814 − 493

d) 726 − 300

e) 490 − 153

750 − 30 rechne ich im Kopf!

f) 918 − 583

g) 480 − 240

h) 119 − 20

i) 835 − 191

j) 783 − 82

k) 637 − 200

l) 591 − 344

m) 805 − 205

n) 670 − 500

o) 716 − 492

Schriftliche Subtraktion mit Unterschreitung: Hunderterstelle

14. Schriftliche Subtraktion

1 Löse die Subtraktionen.

a) 406 – 259

b) 364 – 197

c) 920 – 85

d) 712 – 453

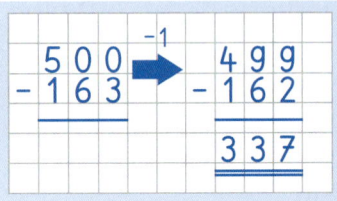

e) 642 - 359

f) 860 - 172

g) 153 - 88

h) 210 - 131

i) 500 – 114

j) 672 – 275

k) 463 – 196

l) 800 – 47

Lösungen:

65	79	147	167
259	267	283	386
397	688	753	835

2 Ronni Ratz hat bei diesen Rechnungen einen Trick angewandt.

So habe ich keine Überträge!

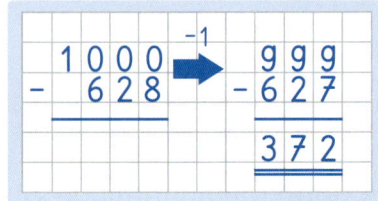

a) Wie funktioniert sein Trick? Stimmen seine Ergebnisse?

b) Löse die Aufgabe 1000 – 254 mit Hilfe seines Tricks.

3 Löse die Aufgaben mit Ronnis Trick.

a) 700 – 362

b) 500 – 183

c) 900 – 647

d) 800 – 219

e) 200 – 87

f) 400 – 135

g) 1000 – 374

h) 1000 – 813

i) 1000 – 492

4 AUFGABEN-WERKSTATT

a) Bilde mit den Ziffernkarten 0, 2, 3, 5, 7 und 8 drei verschiedene Subtraktionsaufgaben und löse sie.

b) Bilde mit den Ziffernkarten 1, 2, 3, 4, 6, und 9 drei verschiedene Subtraktionsaufgaben und löse sie.

★ c) Bilde mit den Ziffernkarten 1, 2, 3, 6, 7 und 8 drei verschiedene Subtraktionsaufgaben, bei denen der Unterschied größer als 200 ist.

★ d) Bilde selbst mithilfe von Ziffernkarten weitere Aufgaben.

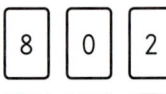

Bleib in Form!

5 Wie viele Ecken und Flächen hat ein Quader?

Schriftliche Subtraktion mit mehreren Unterschreitungen, Rechenvorteile

14. Schriftliche Subtraktion

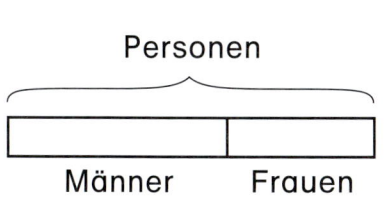

Personen

Männer   Frauen

Rechnung:

Personen
– Frauen
_____
Männer

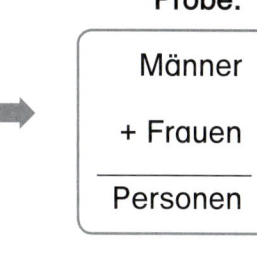

Probe:

Männer
+ Frauen
_____
Personen

Probe

1 Löse die Subtraktion und rechne eine Addition als Probe.

a) 536 – 164

b) 315 – 182

c) 734 – 385

d) 905 – 547

```
a)
R:   5 3 6      P:   3 7 2
    – 1 6 4          + 1 6 4
    _____        _____
     3 7 2           5 3 6 ✓
```

e) 600 – 276

f) 450 – 259

g) 307 – 164

h) 805 – 443

2 Finde die Fehler.

⭐ a) 839 – 56
Beschreibe
den Fehler
und löse
die Aufgabe richtig.

```
   8 3 9
 –   5 6
   1
   _____
   2 7 9  f
```

b) 204 – 109
Beschreibe
den Fehler
und löse
die Aufgabe richtig.

```
   2 0 4
 – 1 0 9
   _____
   1 0 5  f
```

3 Rechne erst einen Überschlag und dann die schriftliche Subtraktion.

a) 582 – 147

b) 428 – 175

c) 306 – 182

d) 643 – 292

```
a)
Ü:   6 0 0 – 1 5 0 = 4 5 0      R:   5 8 2¹⁰
                                   – 1 4 7
                                     1
                                     _____
                                     4 3 5
```

e) 859 – 288

f) 917 – 372

g) 614 – 131

h) 758 – 291

Lösungen:

124	253
351	435
467	483
545	571

4 Mache zuerst einen Überschlag.
Berechne dann das genaue Ergebnis.

Überschlag

a) Leo hat 200 € von seinem Großvater bekommen,
damit er eine Klarinette kaufen kann.
Die Klarinette kostet nur 157 €.
Wie viel Geld bleibt Leo?

b) Ricardo hat 905 € gespart. Er kauft ein E-Piano für 579 €.
Wie viel Geld bleibt ihm?

Schriftliche Subtraktion mit Überschlag, Sachaufgaben

14. Schriftliche Subtraktion

1 Subtrahiere die Geldbeträge.

a)
```
    3,16 €
-   2,52 €
    ₁
    0,64 €
```

c)
```
    7,09 €
-   5,64 €
```

e)
```
   25,90 €
-  12,42 €
```

g)
```
   39,50 €
-   6,99 €
```

b)
```
    4,32 €
-   1,10 €
```

d)
```
    2,80 €
-   2,56 €
```

f)
```
   41,27 €
-  16,15 €
```

h)
```
   81,46 €
-   8,75 €
```

2 Subtrahiere die Geldbeträge.

a) 9,20 € − 3,54 €

b) 7,18 € − 2,06 €

c) 8,99 € − 5,29 €

d) 4,30 € − 1,85 €

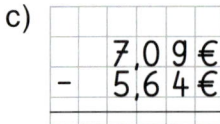
Schreibe immer Komma unter Komma!

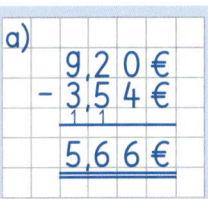
a)
```
    9,20 €
-   3,54 €
    ₁ ₁
    5,66 €
```

e) 78,39 € − 18,05 €

f) 64,15 € − 29,50 €

g) 134,00 € − 91,29 €

h) 300,00 € − 17,62 €

3 Mache einen Überschlag. Berechne dann die schriftliche Subtraktion.

a) 32,10 € − 14,95 €

b) 28,90 € − 5,25 €

c) 11,45 € − 6,04 €

d) 73,90 € − 41,99 €

e) 100,00 € − 56,27 €

a)
```
Ü: 30 - 15 = 15 €    R:   32,10 €
                        - 14,95 €
                          ₁ ₁ ₁
                          17,15 €
```

f) 94,13 € − 61,50 €

g) 50,00 € − 19,45 €

h) 75,08 € − 16,28 €

i) 6,13 € − 1,42 €

j) 20,00 € − 3,75 €

4 Löse die Aufgaben.

a) Theo hat 17,45 € in seiner Geldbörse.
   Das sind 2,60 € mehr als sein Freund Olaf hat.
   Wie viel Geld hat Olaf?

b) Miriam sieht in einem Geschäft eine Bürste für 19,90 €.
   Sie sagt: „Die kostet ja 6,30 Euro weniger als die,
   die ich gestern gekauft habe!"
   Wie viel hat Miriam für ihre Bürste bezahlt?

Wähle die Zahlen für den Überschlag so, dass du noch im Kopf rechnen kannst.

Bleib in form!

5 Wie viele Ecken und Flächen hat eine Pyramide?

14. Schriftliche Subtraktion

1 Berechne erst einen Überschlag und dann den genauen Betrag.

AUSVERKAUF!

Fön: statt 79,50 € nur **49,90 €**

Toaster: statt 39,99 € nur **25,50 €**

Espressomaschine: statt 449,90 € nur **275,50 €**

a) Wie viel ist die Espressomaschine jetzt günstiger als zuvor?

b) Herr Anders kauft einen Fön und einen Toaster.
Wie viel kostet das?

c) Frau Müller kauft einen Toaster.
Sie bezahlt mit einem 100-Euro-Schein.
Berechne das Rückgeld.

d) Albert kauft einen Fön.
Er bezahlt mit drei 20-Euro-Scheinen.
Berechne das Rückgeld.

e) Herr Ulrich kauft zwei Espressomaschinen,
eine für zu Hause und eine für sein Büro.
Wie viel bezahlt er?

f) Luise hat 230 Euro in ihrer Geldbörse.
Sie kauft einen Fön und einen Toaster.
Wie viel Geld hat sie danach?

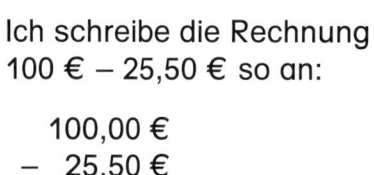

Ich schreibe die Rechnung
100 € − 25,50 € so an:

```
  100,00 €
−  25,50 €
```

g) **AUFGABEN-WERKSTATT**

Denke dir selbst drei Aufgaben zum Ausverkauf aus und löse sie.

2 Familie Meier kauft einen Fön, einen Toaster und eine Espressomaschine.
⭐ Verwende die Preise aus Aufgabe 1.

a) Wie viel kostet das?

b) Wie viel hätte der Einkauf mit den ursprünglichen Preisen gekostet?

c) Wie viel Geld hat Familie Meier durch das Angebot gespart?

3 Lisbeth bezahlt 99,80 €.
⭐ Was könnte sie gekauft haben?
Verwende die Preise aus Aufgabe 1.

Anwendung der schriftlichen Rechenverfahren, Sachaufgaben

15. Zeig, was du kannst!

Schriftliche Addition

1 Rechne und kontrolliere selbst die Ergebnisse.

a) 325 + 218   c) 408 + 437   e) 265 + 318   g) 708 + 146

b) 592 + 142   d) 128 + 316   f) 684 + 153   h) 354 + 451

Lösungen:
| 444 | 543 | 583 | 734 |
| 805 | 837 | 845 | 854 |

2 Rechne und kontrolliere selbst die Ergebnisse.

a) 712 + 95   c) 95 + 342   e) 219 + 48   g) 82 + 726

b) 674 + 62   d) 39 + 156   f) 818 + 54   h) 75 + 416

Lösungen:
| 195 | 267 | 437 | 491 |
| 736 | 807 | 808 | 872 |

3 Rechne und kontrolliere selbst die Ergebnisse.

a) 718 + 194   c) 187 + 529   e) 384 + 189   g) 67 + 294

b) 325 + 467   d) 447 + 295   f) 625 + 165   h) 882 + 49

Lösungen:
| 361 | 573 | 716 | 742 |
| 790 | 792 | 912 | 931 |

4 Mache zuerst einen Überschlag. Rechne dann die schriftliche Addition.

a) 608 + 345   d) 491 + 322   g) 876 + 68   j) 614 + 165   m) 502 + 374

b) 217 + 472   e) 76 + 554   h) 408 + 173   k) 92 + 724   n) 616 + 124

c) 733 + 95   f) 182 + 643   i) 255 + 318   l) 143 + 525   o) 834 + 87

5 Kopfrechnen oder schriftlich rechnen?
Entscheide bei jeder Aufgabe selbst.

a) 624 + 100   d) 76 + 498   g) 740 + 99   j) 230 + 230   m) 55 + 350

b) 87 + 310   e) 328 + 60   h) 324 + 367   k) 562 + 199   n) 620 + 90

c) 516 + 195   f) 150 + 220   i) 500 + 203   l) 407 + 196   o) 248 + 714

6 Welche Ziffer fehlt?

a)
```
  6 _ 2
+   3 3
-------
  7 4 _
```

b)
```
  _ 2 9
+ 4 2 _
-------
  7 _ 1
```

c)
```
  _ 7 6
+ 4 3 _
-------
  6 _ 0
```

d)
```
  2 0 _
+ 6 _ 7
-------
  _ 1 2
```

7 AUFGABEN-WERKSTATT

Denke dir selbst eine Addition aus und löse sie, bei der das Ergebnis …

a) eine gerade Zahl ist.

b) kleiner als 300 ist.

c) größer als 900 ist.

d) eine Null an der Zehnerstelle hat.

Wiederholung: Schriftliche Addition

15. Zeig, was du kannst!

Körper

1 Welches Bild hat Linn fotografiert?

Linn

A

B

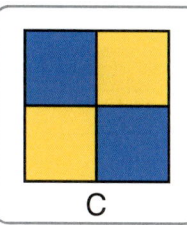
C

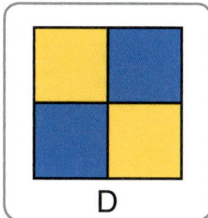
D

2 Erstelle Baupläne für diese Bauwerke.

a)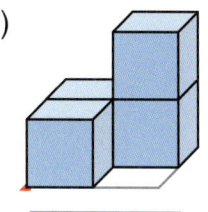

b)

c)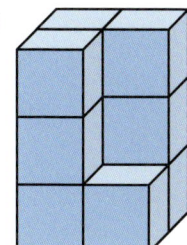

d)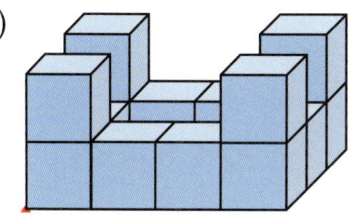

3 Aus welchen dieser Netze kann man einen Würfel falten?

a)

b)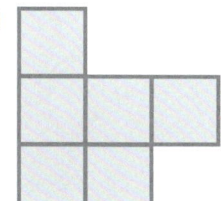

c)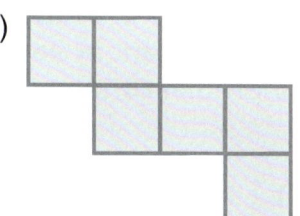

d)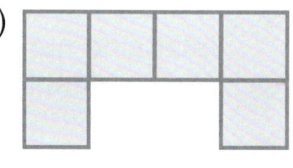

4 Beantworte die Fragen zu den Körpern.

a) Wie viele Flächen hat ein Würfel?

b) Wie viele Flächen hat eine Pyramide?

c) Wie viele Kanten hat ein Quader?

d) Ist ein Zylinder spitz?

5 Auf welchen Körper passt die Beschreibung?

a) Dieser Körper hat einen Kreis und eine Spitze.

b) An diesem Körper findet man keine einzige Ecke.

c) Das Netz dieses Körpers besteht aus sechs Rechtecken.

d) Dieser Körper hat acht Kanten.

6 ★ Beschreibe diese Hutschachtel mit drei Sätzen.

15. Zeig, was du kannst!

Wiegen

1 Übertrage die Tabelle ins Heft.
Schätze das Gewicht dieser Menschen, Tiere und Dinge und trage sie in die Tabelle ein.

bis 100 g	100 g bis 1 kg	1 kg bis 10 kg	10 kg bis 100 kg	mehr als 100 kg

Kind, Auto, großer Apfel, Bleistift, Stuhl, Katze, Mann, Pferd, Schulranzen, Pausenbrot, Nadel, Schulbus, Hund, Glas Wasser, Hausschuhe

2 Ergänze immer auf ein Kilogramm.

a) 200 g   b) 500 g   c) 300 g   f) 982 g   i) 2 g

d) 980 g   g) 590 g   j) 1 g

e) 150 g   h) 910 g   k) 15 g

a) $200\,g + 800\,g = 1\,kg$

3 In einer Packung ist 1 kg Zucker.
Werner nimmt 300 Gramm heraus.
Wie viel Zucker ist noch in der Packung?

4 In einer Packung ist 1 kg Mehl. Andrea backt.
Jetzt sind nur noch 250 g Mehl in der Packung.
Wie viel Mehl hat Andrea verbraucht?

5 In einer Packung ist $\frac{1}{2}$ kg Grieß.
Heidi nimmt erst 100 g und dann 30 g heraus.
Wie viel Grieß ist noch in der Packung?

6 Sandra möchte Kuchen backen.
Sie hat dieses Rezept:

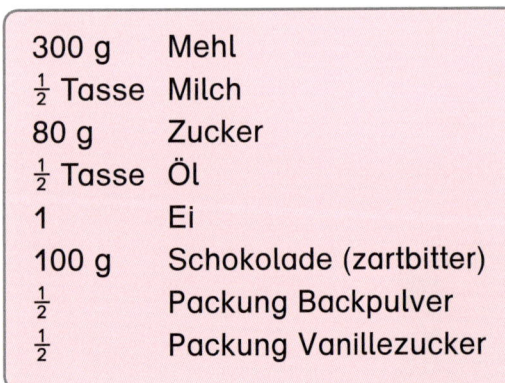

300 g	Mehl
$\frac{1}{2}$ Tasse	Milch
80 g	Zucker
$\frac{1}{2}$ Tasse	Öl
1	Ei
100 g	Schokolade (zartbitter)
$\frac{1}{2}$	Packung Backpulver
$\frac{1}{2}$	Packung Vanillezucker

a) Schreibe das Rezept für die doppelte Menge.

★ b) Schreibe das Rezept für die dreifache Menge.

Wiederholung: Gewicht, Maßeinheiten Gramm, Kilogramm, Tonne, Sachaufgaben

15. Zeig, was du kannst!

1 Subtraktionen ohne Übertrag.
Rechne und kontrolliere selbst die Ergebnisse.

a) 548 – 214   c) 369 – 135   e) 494 – 72   g) 917 – 212

b) 985 – 475   d) 826 – 621   f) 186 – 43   h) 835 – 703

Lösungen:
132 143 205 234
334 422 510 705

2 Subtraktionen mit Übertrag.
Rechne und kontrolliere selbst die Ergebnisse.

a) 681 – 438   c) 590 – 146   e) 624 – 309   g) 962 – 417

b) 725 – 193   d) 978 – 294   f) 811 – 570   h) 733 – 282

Lösungen:
241 243 315 444
451 532 545 684

3 Subtraktionen mit mehreren Überträgen.
Rechne und kontrolliere selbst die Ergebnisse.

a) 700 – 165   c) 472 – 298   e) 604 – 285   g) 1000 – 324

b) 824 – 186   d) 900 – 54   f) 352 – 194   h) 1000 – 817

Lösungen:
158 174 183 319
535 638 676 846

4 Mache einen Überschlag. Rechne dann die schriftliche Subtraktion.

a) 328 – 295   c) 982 – 519   e) 800 – 252   g) 214 – 79   i) 574 – 198

b) 496 – 108   d) 658 – 191   f) 614 – 422   h) 651 – 92   j) 823 – 416

5 Kopfrechnen oder schriftlich rechnen?
Entscheide bei jeder Aufgabe selbst.

a) 352 – 100   c) 615 – 150   e) 724 – 600   g) 380 – 150   i) 1000 – 710

b) 900 – 400   d) 834 – 199   f) 961 – 40   h) 472 – 185   j) 372 – 189

6 ★ Welche Ziffer fehlt?

a)

```
    8 4
  -  2 1
    3 2
```

b)
```
      7 3
  - 1 2
    4   0
```

c)
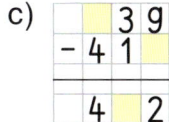
```
      3 9
  - 4 1
    4   2
```

d)
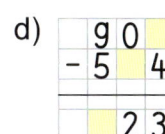
```
    9 0
  - 5   4
      2 3
```

7 ★ **AUFGABEN-WERKSTATT**

Denke dir selbst eine Subtraktion aus und löse sie, bei der das Ergebnis …

a) eine ungerade Zahl ist.   c) größer als 500 ist.

b) kleiner als 100 ist.   d) eine Null an der Einerstelle hat.

Wiederholung: Schriftliche Subtraktion

Rechnen mit Euro und Cent

1 Die Tabelle zeigt, wie viele Pizzen letzte Woche in Marios Pizzaladen verkauft wurden.

Pizza	Montag	Dienstag	Mittwoch	Donners-tag	Freitag	Samstag	Sonntag
klein	78	62	43	56	79	35	0
groß	194	216	187	174	222	118	0

a) An welchem Tag hat Marios Pizzaladen Ruhetag?

b) An welchem Tag wurden die meisten großen Pizzen verkauft?

c) An welchem Tag wurden die wenigsten kleinen Pizzen verkauft?

d) Rechne aus, wie viele kleine und große Pizzen jeden Tag verkauft wurden.

e) Wie viele große Pizzen wurden am Freitag mehr verkauft als am Donnerstag?

f) Wie viele kleine Pizzen wurden in dieser Woche verkauft?

★ g) **AUFGABEN-WERKSTATT**

Denke dir selbst drei Aufgaben zu Marios Pizzaladen aus und löse sie.

2 Löse die Aufgaben mit den Preisen von Yolo-Mode.

a) Simon kauft eine lange Hose und ein Hemd.
Wie viel bezahlt er?

b) Wie viel kostet ein Pullover mehr als ein T-Shirt?

c) Leon kauft eine kurze Hose. Er bezahlt mit einem 50-Euro-Schein.
Berechne das Rückgeld.

d) Wie viel kostet eine lange Hose mehr als ein langer Rock?

e) Sabrina kauft einen kurzen Rock und eine Bluse.
Wie viel bezahlt sie?

★ f) Klemens bezahlt 45,70 €.
Was könnte er gekauft haben?

g) **AUFGABEN-WERKSTATT**

Denke dir selbst drei Aufgaben zu den Frühlingsangeboten aus und löse sie.

YOLO-MODE

Frühlingsangebote

So lange der Vorrat reicht!

T-Shirt	€ 12,95
Pullover	€ 39,48
Hemd	€ 27,40
Bluse	€ 26,80

kurze Hose	€ 26,98
lange Hose	€ 32,75
kurzer Rock	€ 19,99
langer Rock	€ 24,50

Wiederholung: Sachaufgaben zur schriftlichen Addition und Subtraktion

Knobelaufgabe

★ Überlege, wie du die Knobelaufgabe lösen kannst.
Sprich mit anderen Kindern darüber.

3 mal 3 Gedichte

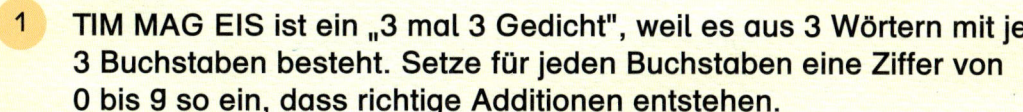

1 TIM MAG EIS ist ein „3 mal 3 Gedicht", weil es aus 3 Wörtern mit je
3 Buchstaben besteht. Setze für jeden Buchstaben eine Ziffer von
0 bis 9 so ein, dass richtige Additionen entstehen.

eine Lösung:							
T	I	M	A	G	E	S	
2	3	7	0	1	9	8	

eine andere Lösung:						
T	I	M	A	G	E	S

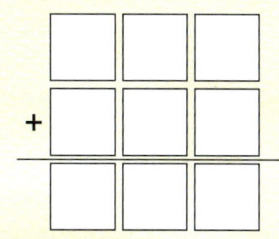

Gedicht:

```
  T I M          2 3 7
+ M A G        + 7 0 1
  E I S          9 3 8
```

```
    □ □ □
  + □ □ □
    □ □ □
```

2 Setze für jeden Buchstaben eine Ziffer von 0 bis 9 so ein,
dass richtige Additionen entstehen.

```
  G I B          T E E          W E R          O N E
  U N S          T U T          W A R          O N E
  L O B          G U T          D A S          T W O
```

3 Vergleiche deine Lösung mit den Lösungen anderer Kinder.
Was fällt euch auf?

4 Erfindet gemeinsam „3 mal 3 Gedichte" und wandelt sie in schriftliche
Additionen um. Ihr könnt aus diesen Wörtern auswählen oder eigene finden.
Beispiele: RAD IST WEG, IHR ZUG KAM, …

Aal, Alm, als, alt, arm, Bär, bei, bin, Bub, Bus, das, dem, die, Eck, ein, elf, Fan,
Fee, fit, gab, Gas, geh, gib, Gnu, gut, hab, Hai, hat, Heu, hin, Hof, Huf, Hut,
ihm, ihr, irr, ist, kam, Klo, Kuh, Kur, Lob, log, Lok, LKW, mag, Mai, Mal, man,
mir, muh, nah, neu, nie, Not, nun, oft, Ohr, oje, Oma, Ort, Rad, rau, Reh, Rom,
Rum, sah, Sau, See, sie, Ski, Tag, Tal, Tor, uff, Uhu, uns, vom, vor, Wal, weg,
Wut, Zoo, Zug

16. Umfang, Flächen und Muster

1 Bastle eine Krone.

a) Du brauchst einen 20 cm breiten, festen Karton, der 5 cm länger ist als dein Kopfumfang.

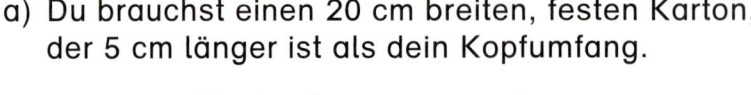

Kopfumfang   5 cm

20 cm

b) Schneide Zacken in den Karton und stanze Löcher für die Verschlüsse.

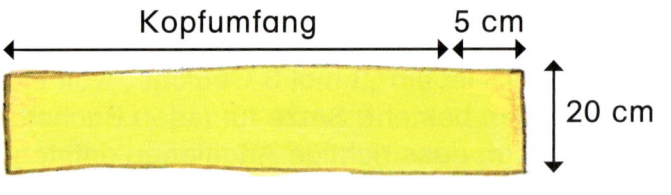

Umfang

c) Fixiere die Krone mit den Verschlüssen und setze sie auf.

2 Der Goldschmied macht Kettchen, Ringe und anderen Schmuck nach Maß. Nimm die Maße eines anderen Kindes und trage sie in eine Liste ein.

a) Halsumfang   d) Umfang Fußgelenk

b) Kopfumfang   e) Umfang Ringfinger

c) Umfang Handgelenk   f) Umfang Daumen

3 Zeichne Freundschaftsbänder (15 cm lang und 1 cm breit) mit den vorgegebenen Bandornamenten.

a)
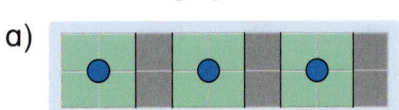

c)
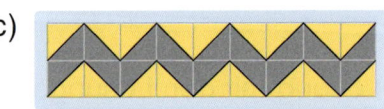

Ornament

b)
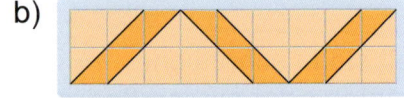

d)

4 **AUFGABEN-WERKSTATT**

Erfinde selbst ein Bandornament!

Bleib in form!

5 Rechne im Kopf.

a) 362 − 100   b) 794 − 791   c) 502 − 499   d) 650 − 3   e) 804 - 200

Umfang, Ornamente
1) Lassen Sie die Kinder die Kopfumfänge messen und eine passende Krone gestalten.

92

1 Welche Formen entdeckst du in diesen Parkettmustern?
Zeichne die Muster in dein Heft.

a)
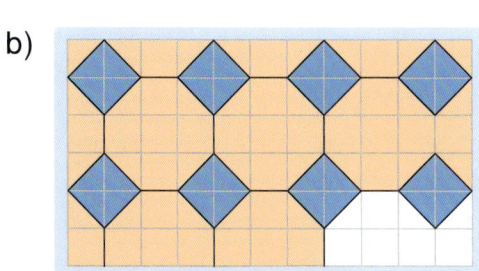

c)
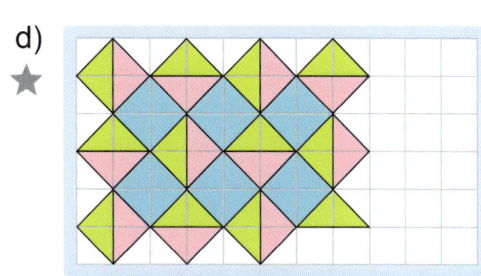

b)
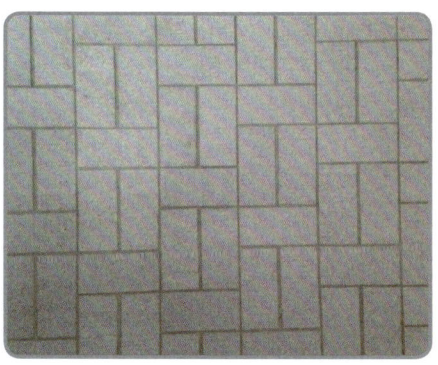

d) ★

2 Die Fotos zeigen Fliesen, die in Parkettmustern verlegt sind.

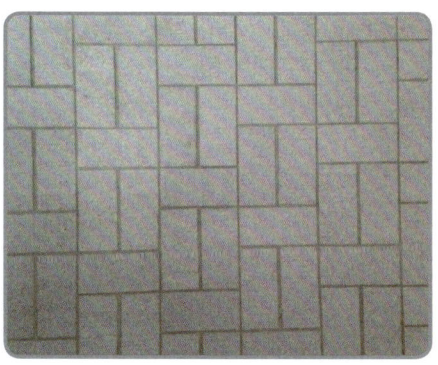

Parkettmuster

a) Zeichne die Muster in dein Heft.

b) Suche Parkettmuster in deiner Umgebung und zeichne sie.

3 Kreative Parkettmuster.

a) Beschreibe den traditionellen türkischen Teppich.

b) Entwirf selbst ein Parkettmuster.

Traditioneller türkischer Teppich

Muster und Ornamente, Parkettierungen
2) Die Kinder können auch Fotos machen und mitbringen.

93

16. Umfang, Flächen und Muster

1 Figuren am Geobrett.

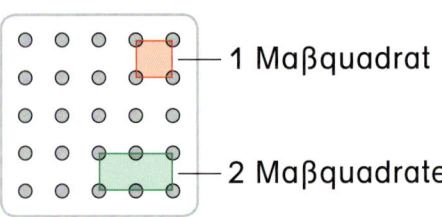

1 Maßquadrat

2 Maßquadrate

a) Spanne die Figuren nach und bestimme ihre Größe in Maßquadraten.

b) Was ist die größte Figur?

c) Was ist die kleinste Figur?

d) Spanne weitere Figuren und zeichne sie in dein Heft.

A 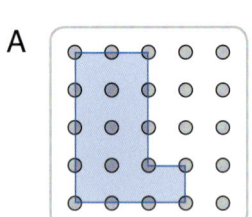 B 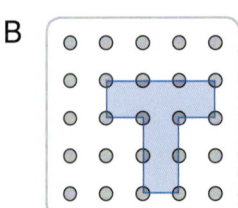 C 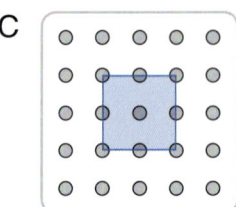 D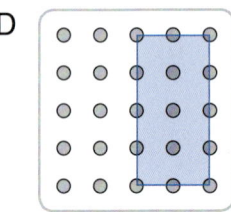

2 Figuren aus Quadraten und Dreiecken.

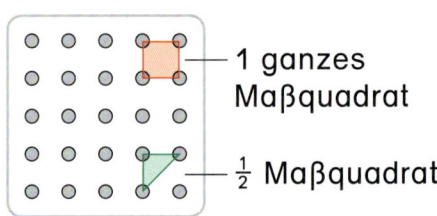

1 ganzes Maßquadrat

$\frac{1}{2}$ Maßquadrat

a) Spanne die Figuren nach und bestimme ihre Größe in Maßquadraten.

b) Was ist die größte Figur?

c) Was ist die kleinste Figur?

d) Spanne weitere Figuren und zeichne sie in dein Heft.

A 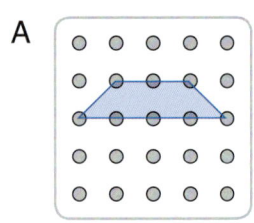 B 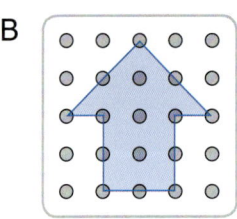 C 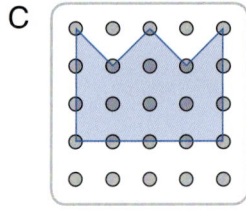 D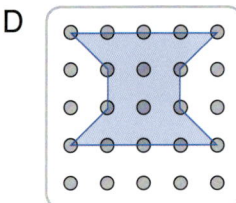

3 ★ Finde möglichst viele verschiedene Figuren, die 3 Maßquadrate groß sind. Spanne und zeichne sie.

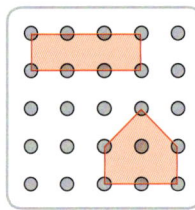
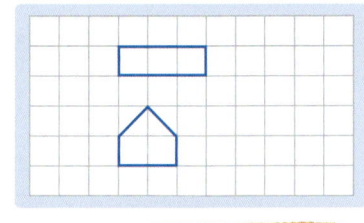

Bleib in Form!

4 Kopfrechnen oder schriftlich? Entscheide selbst und löse die Aufgabe.

a) 364 − 127   b) 615 − 614   c) 722 − 400   d) 804 − 325   e) 937 − 199

Figuren am Geobrett, Maßquadrate
1) Weitere Anregungen zur Arbeit mit dem Geobrett ▶ LH

16. Umfang, Flächen und Muster

1 Lisa und Hans spielen Schatzsuche im Park.
Jeder hat einen Schatz für den anderen versteckt.

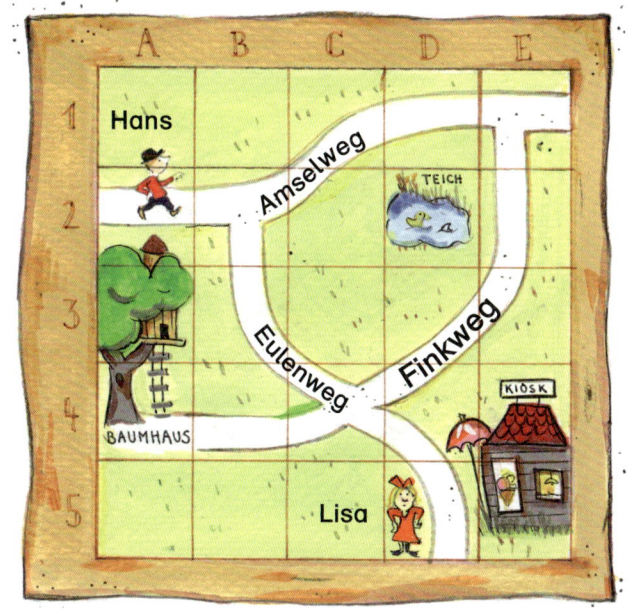

a) In welchem Feld findest du
   - Hans?
   - Lisa?
   - den Teich?

b) In welchen Feldern kreuzen sich
   - der Amselweg und der Finkweg?
   - der Eulenweg und der Finkweg?

c) Lisa hat ihren Schatz im Kiosk versteckt.
   - Auf welchem Feld könnte das sein?
   - Wie kommt Hans dorthin?

d) Hans hat seinen Schatz
   auf dem Feld E 2 versteckt.
   - Wo ist das Feld?
   - Wie kommt Lisa dorthin?

e) **AUFGABEN-WERKSTATT**

   Finde selbst noch drei Fragen zu der Karte und stelle sie einem anderen Kind.

2 **Partnerspiel Schatzsuche**

2 Spieler
Material: kariertes Blatt Papier und Stift

Vorbereitung:
Jeder zeichnet zwei Spielpläne mit 5 mal 5 Kästchen.
Im linken Plan wird eine Schatztruhe mit 3 Kästchen und ein Schmuckkästchen mit einem Kästchen gezeichnet.
Sorgt dafür, dass ihr nicht voneinander abschauen könnt.

Spiel:
Ihr seid abwechselnd an der Reihe.
Nenne ein Feld, zum Beispiel C4. Wenn dein Partner an dieser Stelle einen Schatz versteckt hat, ruft er „Schatz!", sonst „Kein Treffer!".
Schreibe auf dem rechten Plan mit, welche Felder du schon gefragt hast.
Wer zuerst alle Schatzfelder gefunden hat, gewinnt.

Variante:
Spielfeld mit 7 mal 7 Feldern, zwei Schatztruhen und drei Schmuckkästchen.

17. Daten und Zufall

1 Finde so viel wie möglich über die Besitzer dieser beiden Pferde heraus. In den bunten Feldern findest du wichtige Hinweise.

> Dieses Pferd gehört einem Jäger.

Pferdedecke
schwarz: Häuptling
grün: Heiler oder Heilerin
rot: Jäger oder Jägerin
blau: Händler oder Händlerin

Fell des Pferdes
hellbraun: lebt in der Wüste
dunkelbraun: lebt auf dem Land
schwarz: lebt im Gebirge

Mähne
braun: Frau
schwarz: Mann

Zeichnung
Sonne: Morgenmensch
Mond: Abendmensch

2 Schlüsselbilder mit Pferden

a) Gestalte dein Pferdebild.
Wer möchtest du gerne sein?
Wo möchtest du leben?
Verwende die Hinweise aus Aufgabe 1.

b) Hängt eure Pferdebilder in der Klasse auf.

c) Gehe von Bild zu Bild und mache zu jedem Merkmal eine Strichliste.

d) Fasse die Daten aus deiner Strichliste in einer Tabelle zusammen.

Morgenmenschen: ||||| ||
Abendmenschen: ||||| ||||| |||||

Morgenmenschen:	7
Abendmenschen:	15

Bleib in Form!

3 Berechne den Unterschied zwischen 906 und 283.

Schlüsselbilder, Statistik
2) In den selbst gestalteten Bildern kommen persönliche Wünsche der Kinder zum Ausdruck. Die Hinweise in den Kästchen dienen dazu, die Bilder zu entschlüsseln.
Weitere Hinweise zur Arbeit mit Schlüsselbildern ▶ LH

17. Daten und Zufall

1 Leo hat Ergebnisse aus seiner Klasse dargestellt.

a) Was wollen die meisten Kinder sein?

b) Was wollen die wenigsten Kinder sein?

c) Wie viele Kinder gehen in Leos Klasse?

d) Gestalte selbst ein Balkendiagramm
mit den Zahlen deiner Klasse.

Balkendiagramm,
Säulendiagramm

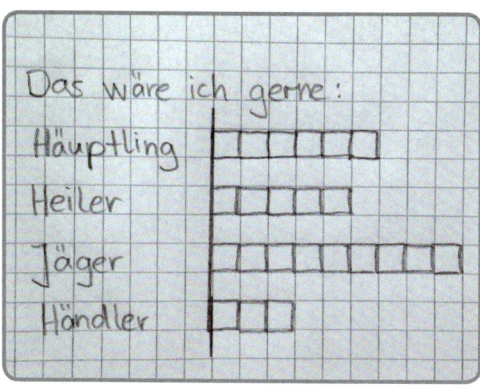

2 Mia hat Ergebnisse aus ihrer Klasse dargestellt.

a) Sind mehr Mädchen oder mehr Jungen
in Mias Klasse?

b) Wie viele Morgenmenschen sind in Mias Klasse?

c) Wie viele Kinder gehen in Mias Klasse?

d) Gestalte selbst ein Säulendiagramm
mit den Zahlen deiner Klasse.

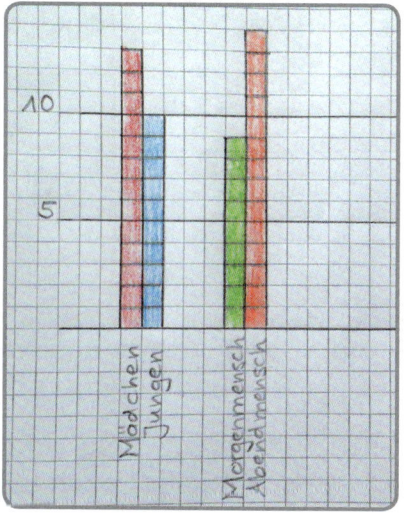

3 Die Klasse 3c hat eine Umfrage gemacht, wohin der nächste Schulausflug
gehen soll. Für welche Ausflugsziele stehen die Säulen?

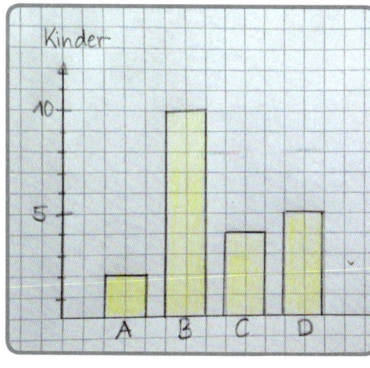

Hinweise:

1. Die meisten Kinder wollten in den Zoo.
2. Der Aussichtsturm war am unbeliebtesten.
3. Ins Spielzeugmuseum wollten doppelt so viele
Kinder wie zum Aussichtsturm.
4. Der See hat halb so viele Stimmen bekommen
wie der Zoo.

4 Die Tabelle zeigt, wie viele Tiere letzte Woche in der Tierhandlung verkauft wurden.
Zeichne ein Diagramm.

Fische	Hamster	Vögel	Katzen	Hunde	Hasen
10	3	6	3	2	1

Statistiken, Balken- und Säulendiagramme
1) Die Kinder zeichnen für jede Nennung eines Merkmals ein Kästchen. So entsteht ein Balken.
2) Säulendiagramme lassen sich sehr gut mit verschiedenfarbigen Duplo-Steinen erstellen.
3) Führen Sie selbst eine Umfrage zu einem Thema durch und werten Sie diese mit den Kindern aus.

17. Daten und Zufall

1 **10-Kugel-Spiel: Rot gewinnt!**

Bei diesem Glücksspiel werden zuerst
die Becher geschüttelt. Dann ziehst du
ohne hinzusehen eine Kugel aus einem Becher.
Ist die Kugel rot, hast du gewonnen.

> Zufall:
> wahrscheinlich,
> unwahrscheinlich,
> möglich,
> unmöglich,
> sicher

A   B   C 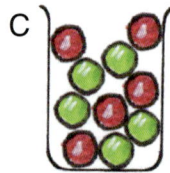   D 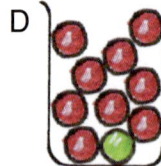   E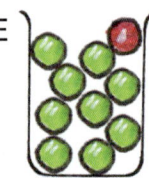

a) Welchen Becher würdest du wählen? Begründe.

b) Welche Aussagen passen zu welchem Becher?

> 1. Eine rote Kugel ist möglich.

> 3. Eine rote Kugel ist wahrscheinlicher als eine grüne.

> 5. Eine grüne Kugel ist unwahrscheinlich.

> 2. Eine rote Kugel ist unmöglich.

> 4. Die Kugel ist sicher grün.

> Wenn man etwas ausprobiert, nennt man das ein **Experiment**.

c) Denkt euch selbst weitere Aussagen zu den Bechern aus. Verwende die Begriffe im Kasten.

d) Spielt das Spiel nach!
Entscheidet euch für einen der fünf Becher und spielt 20 Mal.
Schreibt mit, wie oft ihr gewonnen und verloren habt.
Was beobachtet ihr?

2 **7-Kugel-Spiel. Verwendet blaue, gelbe, grüne und rote Kugeln.**

Dieses Spiel funktioniert genau wie das Zehn-Kugel-Spiel.
Malt zu jeder Aussage einen Becher mit 7 Kugeln.

Folgende Regeln gelten:

Becher A: Eine rote Kugel ist möglich.

Becher B: Eine blaue Kugel ist genauso wahrscheinlich wie eine grüne.

Becher C: Eine gelbe Kugel ist unmöglich.

Becher D: Die Kugel ist sicher blau oder grün.

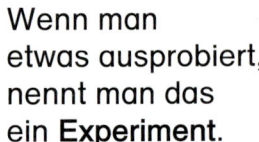 **Bleib in Form!**

3 **Rechne schriftlich.**

a) 804 – 283   b) 680 – 427   c) 907 - 259   d) 326 – 251   e) 700 - 442

Zufallsexperimente und Wahrscheinlichkeit
1) Geben Sie den Kindern die Gelegenheit, Zufallsexperimente über eine längere Zeit durchzuführen und zu protokollieren.
Zur Auswertung eignen sich auch Balken- oder Säulendiagramme.

17. Daten und Zufall

1 **Baut Glücksräder.**

Lege eine Büroklammer
auf das Glücksrad.
Stelle einen Bleistift mit der
Spitze auf den Mittelpunkt.
Lass die Büroklammer mit
einem kräftigen
Fingerschnipser
um den Bleistift kreisen.
Auf welche Farbe zeigt
die Büroklammer?

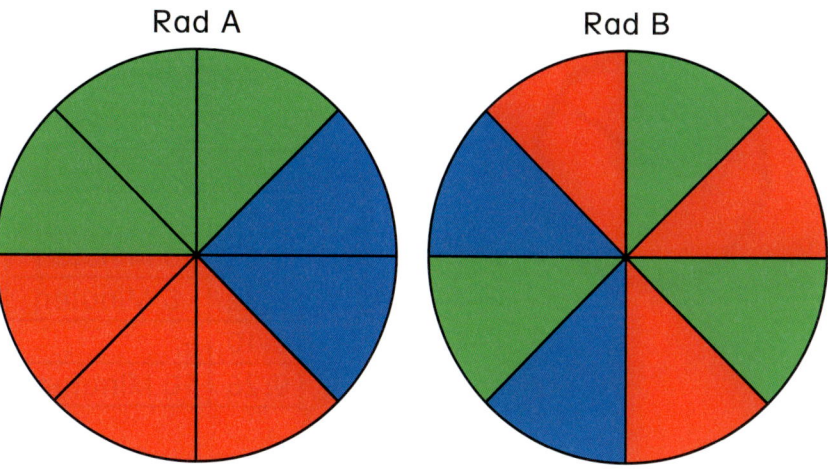

Rad A   Rad B

a) Notiert die Ergebnisse in einer Strichliste.

b) Vergleicht die Ergebnisse der beiden Räder.
   Was fällt euch auf?

c) Welche Aussagen stimmen?

> Blau ist möglich.

> Wahrscheinlich ist grün oder rot.

> Rot ist sicher.

> Blau ist unwahrscheinlich.

2 **Welche Aussagen stimmen für dieses Glücksrad?**

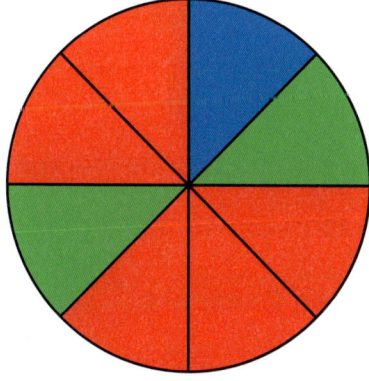

> Rot ist wahrscheinlicher als grün.

> Blau ist unmöglich.

> Grün ist unmöglich.

Bilde selbst weitere Aussagen zu diesem Glücksrad.

3 **Entwerft selbst ein Glücksrad.**

★ Stellt Aussagen auf und malt das Glücksrad so an,
dass die Aussagen stimmen.

18. Zeitpunkt und Zeitdauer

1 Cedric und Linn wollen zurück in die Hauptstadt fahren.

ABFAHRT der Züge von Südstadt

ab	Verspätung	Ziel	an
7:45	–	Sostheim	9:10
8:05	10 Minuten	Hauptstadt	9:20
8:32	5 Minuten	Suwen	9:05
9:10	–	Hauptstadt	10:25
9:26	10 Minuten	Westend	11:56

a) Welche Zeit zeigt die Bahnhofsuhr?

b) Welchen Zug in die Hauptstadt können Cedric und Linn noch erreichen?

c) Wann fährt der nächste Zug nach Westend? Wann kommt er dort an?

d) Wie viel Verspätung hat der Zug nach Suwen? Wann wird er abfahren?

e) **AUFGABEN-WERKSTATT**

Finde weitere Aufgaben zur Abfahrtstafel.

Zeitpunkt, Zeitdauer

2 Schreibe eine Tabelle mit den Überschriften „Zeitpunkt" und „Zeitdauer" in dein Heft. Ordne die Sätze richtig zu.

a) Der Zug fährt um 14:35 Uhr ab.

b) Die Fahrzeit beträgt 3 Stunden.

c) Andrea hat noch 12 Minuten Zeit.

d) Helge kommt um 20:00 Uhr an.

e) Der Eilzug hat eine halbe Stunde Verspätung.

f) Der nächste Zug fährt um 19:30 Uhr ab.

3 Finde selbst jeweils drei Beispiele für eine Zeitdauer und einen Zeitpunkt.

Bleib in Form!

4 Subtrahiere die Geldbeträge. Rechne schriftlich.

a) 8,59 € – 3,15 €   b) 65,70 € – 32,25 €   c) 92,63 € – 40,12 €   d) 33,50 € - 12,15 €

18. Zeitpunkt und Zeitdauer

1 Wie viele Minuten sind das?

a) $\frac{1}{2}$ h ◔   b) $\frac{1}{4}$ h ◔   c) $\frac{3}{4}$ h ◔

> 1 Stunde = 60 Minuten
> 1h = 60 min

2 Wie lange dauert es bis zur nächsten vollen Stunde?

a) 6:20 Uhr   b) 8:50 Uhr   c) 9:45 Uhr   d) 10:05 Uhr   g) 13:42 Uhr

e) 11:25 Uhr   h) 14:18 Uhr

f) 12:57 Uhr   i) 15:37 Uhr

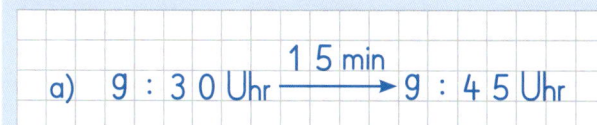

a)   6 : 2 0 Uhr ——40 min—→ 7 : 0 0 Uhr

3 Wie viel Zeit ist jeweils vergangen?

a)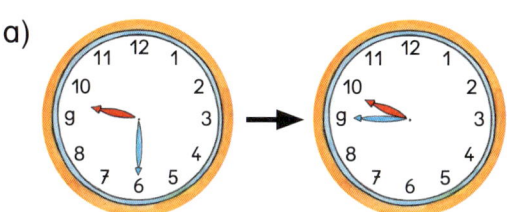

c)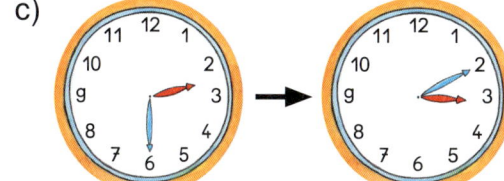

a)   9 : 3 0 Uhr ——15 min—→ 9 : 4 5 Uhr

b)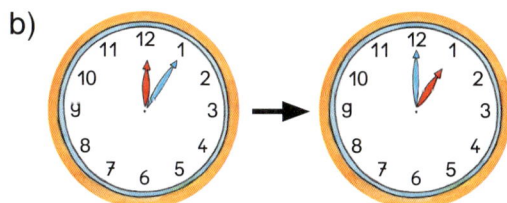

d)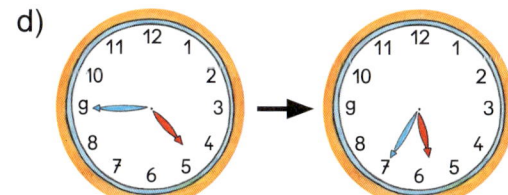

4 Die Tabelle zeigt die Abflüge vom Flughafen Karlsruhe/Baden-Baden.

Ziel	Abflug	Landung	Flugdauer
Berlin	10:40	11:53	
Budapest	13:00		1 h 36 min
London		14:33	1 h 23 min
Wien		16:15	1 h 25 min
Porto	17:00		2 h 16 min
Hamburg	20:55	22:07	

a) Übertrage die Tabelle in dein Heft. Ergänze die fehlenden Angaben.

★ b) Welcher Zielflughafen ist am weitesten entfernt? Begründe deine Überlegungen.

18. Zeitpunkt und Zeitdauer

1 Frau Heimel geht um 10:15 Uhr zum Markt.
Um 11:35 Uhr ist sie wieder zu Hause.
Wie lange war sie weg?

2 Die Kinder der Klasse 2b machen einen Ausflug.
Sie verlassen die Schule um 9:50 Uhr.
Drei Stunden und zwanzig Minuten später kommen sie zurück.
Um welche Uhrzeit sind sie wieder in der Schule?

3 Welche Zeiten zeigen die Uhren?
Finde verschiedene Sprechweisen.

a)

Zehn Uhr Fünf.

Fünf nach Zehn.

d)

f)

h)

b)

c)

e)

g)

i)

4 Wandle in Stunden und Minuten um.

a) 75 min   b) 63 min   c) 90 min   e) 120 min   g) 72 min

d) 100 min   f) 130 min   h) 180 min

a)   75 min = 1 h 15 min

5 Wandle in Minuten um.

a) $\frac{3}{4}$ h   b) 1 h 20 min   c) $\frac{1}{2}$ h   e) 1 h 50 min   g) 4 h 15 min

d) 2 h 10 min   f) $\frac{1}{4}$ h   h) 1 h 17 min

a) $\frac{3}{4}$ h = 45 min

Bleib in Form!

6 Subtrahiere die Geldbeträge. Rechne schriftlich.

a) 18,32 € – 4,67 €   b) 30,15 € – 7,48 €   c) 62,04 € – 18,59 €   d) 10 € – 1,45 €

Sprechweisen von Uhrzeiten, Umwandlung von Zeitmaßen

18. Zeitpunkt und Zeitdauer

1 Spiele mit der Stoppuhr

a) **1 Sekunde**
Wie oft kannst du in einer Sekunde klatschen?
Tipp: Ein anderes Kind stoppt die Zeit und sagt: START und STOPP!

b) **10 Sekunden**
Wie oft kannst du das Wort „Mathematik" in 10 Sekunden schreiben?
Tipp: Ein anderes Kind stoppt die Zeit und sagt: START und STOPP!

c) **Eine Minute raten**
Stoppe eine Minute so genau du kannst ohne auf die Uhr zu sehen.
Tipp: Gib einem anderen Kind die Uhr. Sag START.
Wenn du glaubst, dass eine Minute vorbei ist, sag STOPP.

d) **Wie lang kannst du …**
· auf einem Bein stehen?
· die Luft anhalten?
· ein anderes Kind ansehen ohne zu blinzeln?
Stoppe die Zeiten.

> 1 Minute = 60 Sekunden
> 1 min = 60 s

2 Wie viele Sekunden zeigen diese Stoppuhren?

a)
b)
c)
d)

3 Wie viele Minuten und Sekunden zeigen diese Stoppuhren?

a)
b)
c)
d)

4 Welche Zeiten zeigen diese Uhren?
Gib auch die Sekunden an.

a)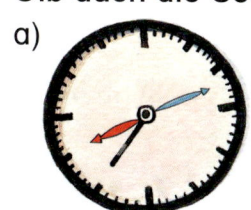
b)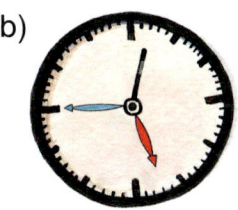
c)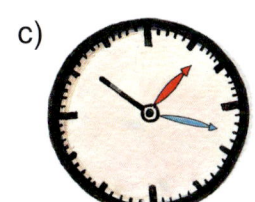
d)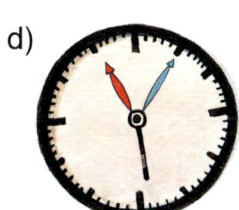

a)   8 : 1 2 : 3 5 Uhr

Minuten und Sekunden, Schätzen und Stoppen von Zeitdauern
1) Die Kinder können auch mit der Stoppuhr auf ihrem Mobiltelefon arbeiten.

103

18. Zeitpunkt und Zeitdauer

1 Wandle in Minuten und Sekunden um.

a) 80 s b) 95 s c) 62 s f) 125 s

d) 110 s g) 77 s

e) 140 s h) 100 s

> 1 Minute = 60 Sekunden
> 1 min = 60 s

a) 8 0 s = 1 min 2 0 s

2 Wandle in Minuten und Sekunden um.

a) 2 min 15 s b) 1 min 27 s c) $\frac{1}{2}$ min f) 2 min 4 s i) 8 min 3 s

d) 2 min 53 s g) 4 min j) 10 min

e) 5 min h) 1 min 45 s k) 3 min 20 s

a) 2 min 1 5 s = 1 3 5 s

1 2 0 , 1 3 5

3 Lores Lieblingslied dauert 3 Minuten und 24 Sekunden.
Manuelas Lieblingslied dauert 4 Minuten 8 Sekunden.

a) Wessen Lied dauert länger?

b) Um wie viel länger?

4 Der Weltrekord im 1000-Meter-Lauf der Männer
liegt bei 2 Minuten und 12 Sekunden.
Der Rekord der Frauen liegt 17 Sekunden darüber.
Berechne die Rekordzeit der Frauen.

5 Eine Schlagzeile in einer Schwimmzeitung lautet:

*Der Schweizer Peter Colat hat einen neuen Weltrekord im Luftanhalten aufgestellt.
Mit 21 Minuten und 33 Sekunden überbot der Freitaucher die bisherige Bestmarke
um 72 Sekunden.*

Wie war die alte Rekordzeit, die der Taucher übertroffen hat?

> **Bleib in Form!**

6 Welche Ziffer fehlt?

a)
```
  8 5
- 2 5
-----
  3 1
```

b)
```
  7 9
- 1 0
-----
  5 4
```

c)
```
  4 2
- 3 8
-----
  0 2
```

d)
```
  9 0
- 2 4
-----
  1 3
```

e)
```
  6 1
-   8 5
-----
  1 7
```

19. Rechentricks

1 Cedric und Linn kaufen Blumen für ein Fest.

a) Die Kinder kaufen 99 Tulpen.
Linn beginnt ihre Rechnung so:
Wie wird sie weiterrechnen?

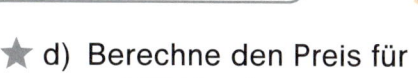
100 Tulpen kosten 200 €.
Dann kosten 99 Tulpen …

b) Wie viel kosten 99 Rosen?
Rechne geschickt.

⭐ d) Berechne den Preis für
· 199 Narzissen.
· 299 Tulpen.
Rechne geschickt.

c) Wie viel kosten 99 Narzissen?
Rechne geschickt.

2 Cedric kauft für den Empfang 9 Sträuße und 9 Gestecke.
Wie viel kostet das?

Rechne geschickt. Vergleiche deinen Rechenweg mit anderen Kindern.

3 Übertrage die Preistabelle in dein Heft und ergänze die fehlenden Preise.
Mit welchem Trick kannst du die Tabelle schnell ausfüllen?

Stück:	1	6	10	15	20	25	50	72
Tulpen	2 €	12 €						
Narzissen	3 €	18 €						
Rosen	4 €							

4 Tulpen kosten halb so viel wie Rosen.
Wenn 15 Rosen 60 € kosten, wie viel kosten dann 15 Tulpen?

Rechne geschickt. Vergleiche deinen Rechenweg mit anderen Kindern.

5 Linn kauft Blumen für 10 €.
⭐ **Welche Blumen könnte sie gekauft haben?**

Finde möglichst viele verschiedene Möglichkeiten.

Rechenvorteile bei der Multiplikation
3) z.B. Verdopplung zwischen den Tabellenzeilen nutzen.

19. Rechentricks

1 Rechne und setze die Reihen fort.
Was fällt dir auf?

a) 100+50= ☐
    99+51= ☐
    98+ ☐ = ☐
    ☐ + ☐ = ☐
    ...

b) 320+140= ☐
    321+139= ☐
    322+ ☐ = ☐
    ☐ + ☐ = ☐
    ...

c) 250+250= ☐
    248+252= ☐
    246+ ☐ = ☐
    ☐ + ☐ = ☐
    ...

d) 430+130= ☐
    431+129= ☐
    432+ ☐ = ☐
    ☐ + ☐ = ☐
    ...

> **Linke Tasche, rechte Tasche:**
>
> Wenn ich etwas aus meiner linken Tasche
> in meine rechte Tasche stecke, dann habe ich
> insgesamt immer noch gleich viel in den Taschen.

2 Vereinfache diese Plusrechnungen mit dem Trick
„Linke Tasche, rechte Tasche" und löse sie.

a) 199 + 61

b) 399 + 81

c) 299 + 41

a) 199+61
200+60=260

d) 498 + 52

e) 197 + 23

f) 698 + 72

g) 169 + 121

h) 518 + 232

i) 357 + 413

3 ★ Vereinfache diese Plusrechnungen mit dem Trick
„Linke Tasche, rechte Tasche" und löse sie.

a) 498 + 255

b) 97 + 384

c) 187 + 298

d) 295 + 146

e) 699 + 164

f) 85 + 328

g) 315 + 98

h) 474 + 199

i) 723 + 199

j) 598 + 250

k) 624 + 97

l) 297 + 297

m) 196 + 652

n) 347 + 398

o) 396 + 155

4 **AUFGABEN-WERKSTATT**

Finde selbst fünf Aufgaben, bei denen dieser Trick das Rechnen vereinfacht.

Bleib in Form!

5 Gregor fährt um 14:30 Uhr zu Hause mit dem Fahrrad los.
Erst trifft er einen Freund, dann kauft er noch ein Heft im Schreibwarenladen.
Zehn Minuten nach vier Uhr ist er wieder zu Hause.
Wie lang war Gregor unterwegs?

Rechenvorteile bei der Addition

19. Rechentricks

1 Rechne und setze die Reihen fort.
Was fällt dir auf?

a) 25–10= ▢
26–11= ▢
27– ▢ = ▢
▢ – ▢ = ▢

b) 100–40= ▢
99–39= ▢
98– ▢ = ▢
▢ – ▢ = ▢

c) 50–15= ▢
52–17= ▢
54– ▢ = ▢
▢ – ▢ = ▢

d) 36–20= ▢
34–18= ▢
32– ▢ = ▢
▢ – ▢ = ▢

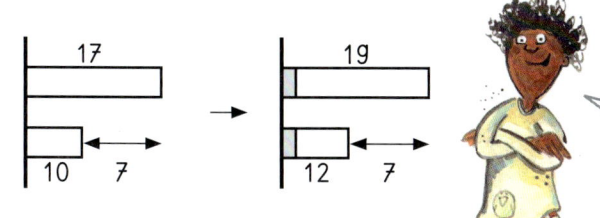

Wenn du zu zwei Zahlen gleich viel dazu gibst, bleibt ihr Unterschied gleich.

2 Mache aus einer schwierigen eine leichte Aufgabe.
Löse erst die leichte Aufgabe.

a) 84 – 21
83 – 20

a) 8 4 – 2 1 = 6 3
■ 8 3 – 2 0 = 6 3

b) 95 – 41
94 – 40

c) 62 – 19
63 – 20

d) 73 – 29
74 – 30

e) 94 – 49
95 – 50

f) 56 – 17
59 – 20

g) 294 – 39
295 – 40

h) 152 – 98
154 – 100

3 Suche selbst eine leichtere Aufgabe mit dem gleichen Ergebnis.

a) 76 – 39

b) 94 – 19

c) 364 – 99

d) 275 – 69

e) 615 – 19

f) 924 – 98

g) 432 – 199

h) 507 – 399

Wer es sich leichter macht, ist nicht faul, sondern klug!

4 Vereinfache diese Aufgaben und löse sie.

a) 800 – 362

b) 600 – 128

c) 900 – 465

d) 300 – 92

a) $\begin{array}{r} 8\,0\,0 \\ -\,3\,6\,2 \\ \hline \end{array}$ ➡ ⁻¹ $\begin{array}{r} 7\,9\,9 \\ -\,3\,6\,1 \\ \hline 4\,3\,8 \end{array}$

e) 700   514

f) 500 – 163

g) 800 – 728

h) 600 – 382

i) 1000 – 629

j) 1000 – 416

k) 1000 – 384

l) 1000 – 737

5 Löse diese Aufgaben durch Ergänzen im Kopf.

a) 83 – 79

7 9 + ... = 8 3

b) 62 – 59

c) 91 – 85

d) 765 – 698

e) 634 – 629

f) 802 – 793

g) 365 – 358

h) 422 – 418

i) 603 – 597

Rechenvorteile bei der Subtraktion

19. Rechentricks

1 Würfelspiel: Schnapp die Zahl!

2-3 Spieler und Spielerinnen,
die geschickt Plus-, Minus-, Malrechnen und Teilen können!

Material: 2 Würfel, Blatt Papier, für jedes Kind einen anderen Farbstift
Vorbereitung: Schreibt die Zahlen von 0 bis 10 auf das Blatt Papier.
Ziel: Wer am Ende die meisten Zahlen besitzt, gewinnt.

Ablauf:
Gespielt wird reihum.

| 0 | 1 | 2 | 3 | 4 | 5 | 6 | 7 | 8 | 9 | 10 |

Wenn du an der Reihe bist:
1. Wirf beide Würfel.
   Zum Beispiel: 6 und 2

2. Finde eine Rechnung.
   Hier darfst du +, −, · oder : rechnen.
   Zum Beispiel: 6 : 2 = 3

6:2=3

Möglich wäre
auch gewesen:
6 + 2 = 8
6 − 2 = 4
6 · 2 = 12

3. Wenn das Ergebnis deiner Rechnung noch frei ist,
   dann darfst du es dir schnappen.
   Kreise es in deiner Farbe ein.

| 0 | 1 | 2 | ③ | 4 | 5 | 6 | 7 | 8 | 9 | 10 |

Das Spiel endet, sobald alle Zahlen geschnappt wurden.

… Blau gewinnt mit 6 zu 5!

2 Fermi-Aufgabe:
Wie viele Treppen steigst du an einem Tag?

Für diese Aufgabe gibt es keine genaue Lösung.
Versuche sie so gut wie möglich zu lösen.

Stelle deine Überlegungen so dar, dass sich
andere auskennen.

Vergleiche deine Lösung
mit den Lösungen anderer Kinder.

Bleib in Form!

3 Ordne die Zeiten nach ihrer Dauer. Beginne bei der kleinsten.

a) 10 s, 5 h, 1 min

b) 2 min, 150 s, 1 min 14 s

c) 1 h, 110 s, 59 min

d) 50 min , $\frac{1}{2}$ h, 16 min

Rechenvorteile nutzen, Fermi-Aufgabe
2) Für Fermi-Aufgaben gilt: Alle Zahlen werden grob geschätzt. Beispiel: Die Treppe in den dritten Stock hat etwa 50 Stufen. In der Schule sind es ungefähr 20 Stufen zu meiner Klasse. Ich gehe ungefähr … Mal. Weitere Anregungen zu Fermi-Aufgaben ▶ LH

Umfang, Flächen und Muster

1 Cedric schenkt seinem Vater einen Schal.
Zeichne das Muster des Schals ab und setze es fort.

2 Zeichne diese Bandornamente in dein Heft und setze sie fort.

a)
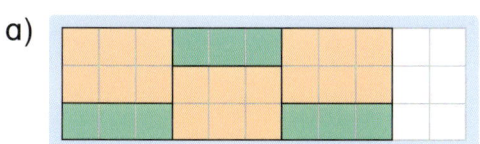

c)
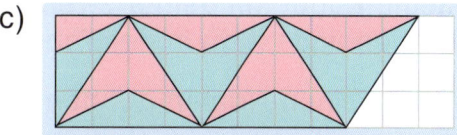

b)

d)

e) **AUFGABEN-WERKSTATT**

Erfinde selbst ein Ornament und zeichne es in dein Heft.

3 Figuren auf dem Geobrett.

A 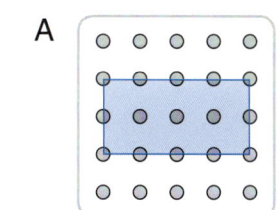 B 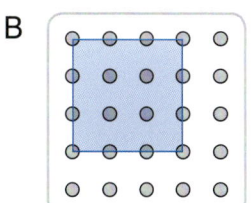 C 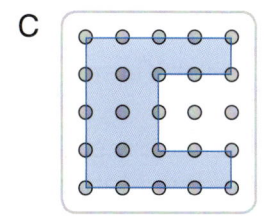 ★D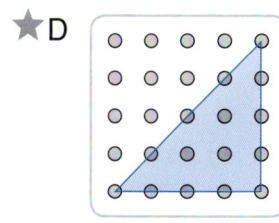

a) Spanne die Figuren nach.

b) Bestimme ihre Größe in Maßquadraten.

c) Welche Figur ist am größten?

d) Welche Figur ist am kleinsten?

Wiederholung: Muster und Ornamente, geometrische Figuren

20. Zeig, was du kannst!

Daten und Zufall

1 Gestalte ein Bild mit einem Eisbecher, das Informationen von dir enthält.

1. Zeichne einen Eisbecher bestehend aus
- einem Becher,
- zwei Kugeln Eis
- und einem Schirm.

2. Male deinen Eisbecher mit Hilfe dieser Fragen an:

a) Hast du diesen Sommer schon ein Eis gegessen?
   JA: Male den Stock des Schirmes rot an.
   NEIN: Male den Stock des Schirmes schwarz an.

b) Wo kaufst du dein Eis lieber?
   EISSTAND:
   Male den Schirm grün an.
   SUPERMARKT:
   Male den Schirm gelb an.

Vanille	Erdbeere	Schokolade
gelb	rot	braun
Himbeere	Zitrone	Mango
rosarot	weiß	orange

c) Was sind deine Lieblingseissorten?
   Male die große Kugel mit deiner Lieblingssorte an,
   die kleine Kugel mit deiner zweitliebsten Sorte.
   Die Farben findest du in der Tabelle rechts.

d) Schreibe deinen Namen auf den Becher und verziere ihn!

3. Schau dir Susannes Eisbecher an.
   Was sagt er über Susanne aus?

2 Schlüsselbilder mit Eisbechern

a) Jedes Kind gestaltet seinen Eisbecher.
   Bemale ihn mit Hilfe der drei Fragen oben.

b) Hängt eure Bilder in der Klasse auf.

c) Gehe von Bild zu Bild und erstelle
   eine Strichliste zu jedem Merkmal.

Eisstand: 卌 ||
Supermarkt: 卌 卌 卌

d) Fasse die Daten aus deiner Strichliste
   in einer Tabelle zusammen.

Eisstand:	7
Supermarkt:	15

Zeitpunkt und Zeitdauer

1 Wie viel Zeit ist jeweils vergangen?

a)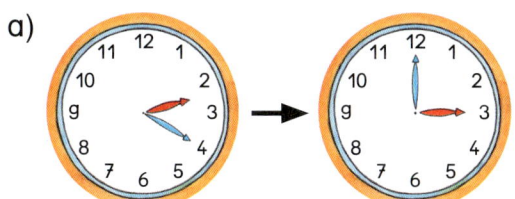

b)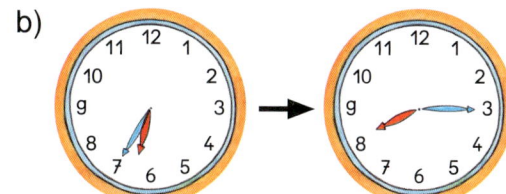

2 Übertrage den Fahrplan in dein Heft.
Ergänze die fehlenden Zeitangaben.

	ab	an	Fahrzeit	Ziel	Bahnsteig
a)	7:02	7:45		Berghofen	2
b)	7:45		1 h	Talkirchen	1
c)		8:57	52 min	Baching	2
d)	8:40	9:52		Erdhausen	1
e)	9:30		1 h 30 min	Hochbruck	1
f)		13:05	1 h 42 min	Niederfeld	2
g)	14:16	16:22		Hinterau	1

3 Sonja verlässt das Haus um 15:30 Uhr.
Sie geht zur Klavierstunde.
Eine Stunde und 20 Minuten später
kommt sie wieder nach Hause.
Wie lange war Sonja unterwegs?

4 Herr Gruber fährt um 6:15 zu Hause
los. Wann wird er in Hamburg
ankommen, wenn die Fahrt
$2\frac{1}{2}$ Stunden dauert?

5 Sandro schaut einen Film an.
Der Film beginnt um 19:10 Uhr
und endet um 20:15 Uhr.
Wie lange hat der Film gedauert?

6 Hilde backt einen Kuchen.
Sie schiebt ihn um 10:55 Uhr in
den Ofen.
Nach 40 Minuten ist der Kuchen fertig.
Wann muss Hilde den Kuchen aus
dem Ofen nehmen?

7 Wandle in Sekunden um.

a) 2 Minuten

b) 3 Minuten

c) 1 Minute 10 Sekunden

d) 1 Minute 35 Sekunden

e) 2 Minuten 14 Sekunden

f) 3 Minuten 52 Sekunden

8 Peter kann 47 Sekunden lang einen Kopfstand machen.
Luise schafft sogar 1 Minute und 4 Sekunden.
Wie viele Sekunden hat Luises Kopfstand länger gedauert?

9 Ahmed besucht einen Schwimmverein.
Beim ersten Training braucht er für 50 Meter Brustschwimmen 1 Minute 12 Sekunden.
Nach einem Monat im Verein ist er bereits 17 Sekunden schneller.
Wie lautet seine neue Bestzeit?

Wiederholung: Abfahrts- und Ankunftszeiten, Zeitpunkt, Zeitdauer

20. Zeig, was du kannst!

Rechentricks

1 Rechne geschickt.

a) 199 · 2

b) 199 · 3

c) 199 · 4

a)	2 0 0 · 2 = 4 0 0
	1 9 9 · 2 = 3 9 8

d) 99 · 3

e) 99 · 6

f) 99 · 4

g) 399 · 2

h) 299 · 3

i) 199 · 5

2 Vereinfache die Rechnungen und löse sie.

a) 312 + 69

b) 499 + 125

c) 254 + 199

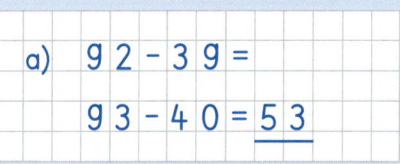

a)	3 1 2 + 6 9 =
	3 1 1 + 7 0 = 3 8 1

d) 698 + 154

e) 327 + 49

f) 284 + 398

g) 275 + 97

h) 197 + 426

i) 518 + 199

3 Vereinfache die Rechnungen und löse sie.

a) 92 − 39

b) 86 − 19

c) 57 − 29

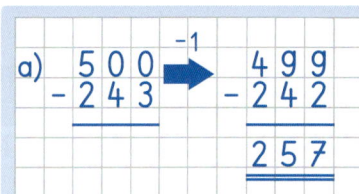

a)	9 2 − 3 9 =
	9 3 − 4 0 = 5 3

d) 162 − 49

e) 285 − 29

f) 795 − 79

g) 624 − 199

h) 918 − 299

i) 755 − 499

4 Vereinfache diese Rechnungen und löse sie.

a) 500 − 243

b) 700 − 367

c) 200 − 84

d) 800 − 512

```
        −1
a)  5 0 0  ➡  4 9 9
   −2 4 3     −2 4 2
              ───────
                2 5 7
```

e) 300 − 42

f) 900 − 481

g) 600 − 262

h) 500 − 317

i) 1000 − 163

j) 1000 − 572

k) 1000 − 358

l) 1000 − 234

5 Löse diese Aufgaben durch Ergänzen im Kopf.

a) 51 − 48

```
4 8 + … = 5 1
```

b) 82 − 75

c) 73 − 68

d) 94 − 88

e) 601 − 599

f) 900 − 892

g) 804 − 797

h) 403 − 390

i) 710 − 699

j) 502 − 497

k) 352 − 349

l) 864 − 858

m) 928 − 925

6 **AUFGABEN-WERKSTATT**

Finde drei Rechnungen, die schwieriger aussehen als sie sind.
Gib sie einem anderen Kind zum Lösen.

Wiederholung: Rechenvorteile

20. Zeig, was du kannst!

Sachaufgaben

Tageskarten	
Kinder	3 €
Erwachsene	6 €
Zehnerkarten	
Kinder	25 €
Erwachsene	50 €

BAD ZUR SONNE

Kaufpreis		Leihgebühr	
Badetuch	29,90 €	Liegestuhl	4,50 €
Handtuch	14,90 €	Sonnenschirm	3,50 €
Badeschuhe	9,90 €	Schwimmflügel	2,50 €
Sonnencreme	4,90 €	Schwimmbrille	2,90 €

1   Wie viel bezahlen diese Leute?

a) Herr Becker kauft eine Tageskarte und leiht sich einen Sonnenschirm.

b) Frau Hartmann geht mit ihren beiden kleinen Töchtern in das Schwimmbad.
Sie kauft drei Tageskarten und leiht sich einen Sonnenschirm.

c) Anita kauft eine Zehnerkarte für Kinder und Sonnencreme.

d) Frau Berger leiht sich Schwimmflügel und eine Schwimmbrille.

2   Berechne das Rückgeld.

a) Herwig kauft eine Tageskarte für Kinder. Er bezahlt mit einem 20-Euro-Schein.

b) Lisa kauft ein Badetuch. Sie bezahlt mit einem 50-Euro-Schein.

c) Verena leiht sich einen Liegestuhl und einen Sonnenschirm.
Sie bezahlt mit einem 10-Euro-Schein.

d) Herr Scholz kauft eine Zehnerkarte für Erwachsene
und drei Zehnerkarten für Kinder. Er bezahlt mit zwei 100-Euro-Scheinen.

3   Beantworte diese Fragen.

a) Wie viel Geld spart man, wenn man eine Zehnerkarte
für Erwachsene kauft anstatt 10 Tageskarten?

b) Paul behauptet: „Es ist billiger zwei Handtücher zu kaufen als ein Badetuch."
Stimmt das?

★ c) Frau Lang bezahlt für Eintrittskarten 15 €.
Welche Karten könnte sie gekauft haben? Finde verschiedene Möglichkeiten.

4   AUFGABEN-WERKSTATT

Denke dir selbst jeweils zwei Aufgaben aus und löse sie:

a) Wie viel bezahlt …   b) Berechne das Rückgeld …   c) Beantworte die Frage …

Wiederholung: Rechnen mit Geld

Knobelaufgabe

⭐ **Überlege, wie du die Knobelaufgabe lösen kannst.**
Sprich mit anderen Kindern darüber.

Plätze wechseln

Cedric, Linn, Aron und Philipp reiten auf dem Pferd Kunigunde in die Ferien.
Nora fliegt über ihnen.
Linn sagt: „Ich will auch einmal ganz vorne sitzen!"
Philipp meint: „Und ich will nicht immer hinter Aron sitzen!"

Da sagt Cedric: „Ich habe einen Vorschlag:
Wir machen viele Pausen und nach jeder Pause wechseln wir die Plätze."
Nora sagt: „Ich sehe mir das von oben an.
Bin schon neugierig, wie viele verschiedene Sitzreihenfolgen ihr findet!"

Wie viele Möglichkeiten gibt es?

Tipp:
Arbeitet in Gruppen.
Eine Gruppe soll herausfinden, wie viele verschiedene Möglichkeiten
es für Aron, Philipp und Linn gibt, wenn immer Cedric vorne sitzt.
Eine andere Gruppe soll die Möglichkeiten finden,
wenn immer Linn vorne sitzt und so weiter.
Vergleicht eure Ergebnisse und versucht gemeinsam, Noras Frage zu beantworten.

Schöne Ferien!

Subtraktion: Abziehverfahren

Abziehverfahren: Zehner entbündeln

Lege 432. Nimm 127 weg.

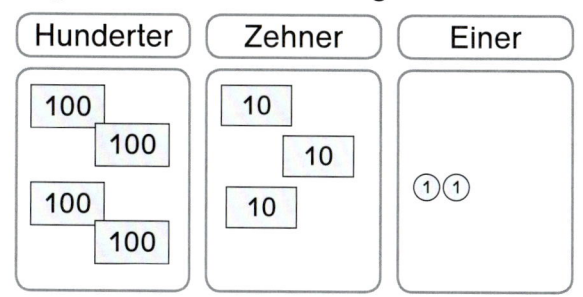

Ich kann nicht 7 Einer wegnehmen.
Da muss ich erst einen Zehner wechseln.

Ein Zehner wird gewechselt.

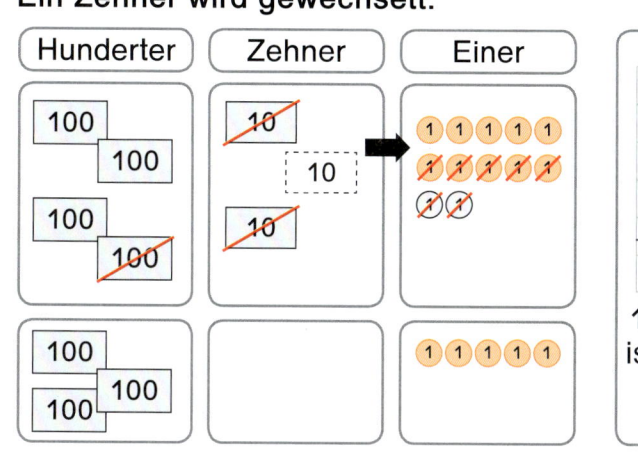

H Z E	
2 12	
4 3̶ 2̶	
− 1 2 7	
5	

12 minus 7 ist gleich 5.

H Z E
2 12
4 3̶ 2̶
− 1 2 7
0 5

2 minus 2 ist gleich 0.

H Z E
2 12
4 3̶ 2̶
− 1 2 7
3 0 5

4 minus 1 ist gleich 3.

---

1 Löse die Aufgaben zuerst im Kopf.
Rechne dann die schriftliche Subtraktion.

a) 120 − 6   c) 232 − 3

b) 450 − 2   d) 681 − 5

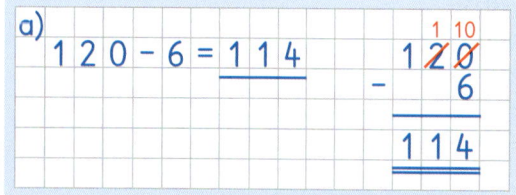

a) 120 − 6 = 114

```
    1 10
   1 2̶ 0̶
 −     6
 ─────────
   1 1 4
```

2 Rechne.

```
  7 11
  7 8̶ 1̶
− 2 4 6
────────
```

```
  3 13
  5 4̶ 3̶
− 1 2 9
────────
```

```
  8 9 4
− 3 2 6
────────
```

```
  6 7 2
− 1 4 5
────────
```

```
  9 3 4
− 4 0 8
────────
```

```
  8 5 3
− 2 1 9
────────
```

```
  4 8 4
− 3 2 7
────────
```

3 Rechne.

a) 443 − 128

b) 735 − 206

c) 854 − 427

a)
```
  H Z E
    3 13
  4 4̶ 3̶
− 1 2 8
────────
  3 1 5
```

d) 691 − 75

e) 940 − 238

f) 283 − 64

g) 570 − 216

h) 761 − 425

i) 885 − 317

Lösungen:

219	315	336
354	529	568
616	702	807

Schriftliche Subtraktion: Entbündelung der Zehnerstelle
Das alternative Erweiterungsverfahren befindet sich auf den Seiten 80 bis 82.

Subtraktion: Abziehverfahren

Abziehverfahren: Hunderter entbündeln

Lege 415. Nimm 152 weg.

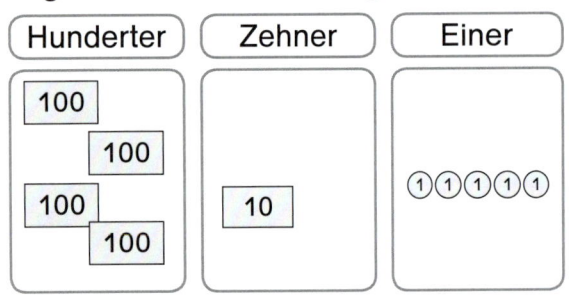

> Ich kann nicht 5 Zehner wegnehmen.
> Da muss ich erst einen Hunderter wechseln.

Ein Hunderter wird gewechselt.

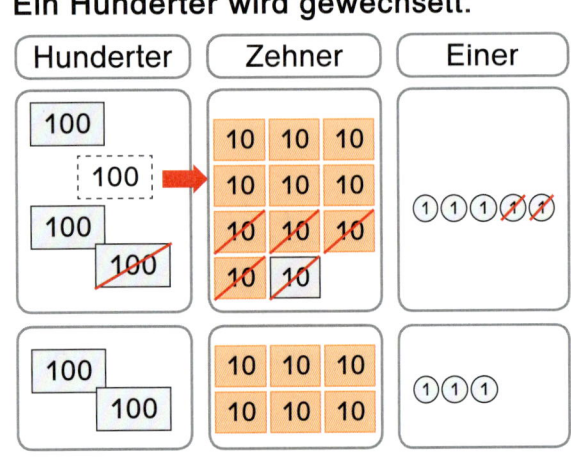

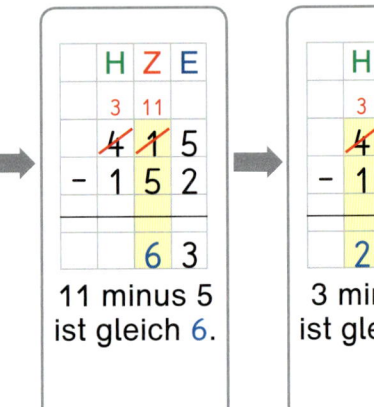

5 minus 2 ist gleich 3.

11 minus 5 ist gleich 6.

3 minus 1 ist gleich 2.

---

1 Rechne.

$$
\begin{array}{r} \overset{5\ 12}{6\,\not2\,8} \\ -\ 1\,5\,4 \\ \hline \end{array}
\qquad
\begin{array}{r} \overset{8\ 10}{9\,\not0\,3} \\ -\ 6\,8\,2 \\ \hline \end{array}
\qquad
\begin{array}{r} 5\,4\,7 \\ -\ 2\,9\,6 \\ \hline \end{array}
\qquad
\begin{array}{r} 9\,0\,3 \\ -\ 4\,6\,0 \\ \hline \end{array}
\qquad
\begin{array}{r} 7\,4\,5 \\ -\ 1\,8\,2 \\ \hline \end{array}
\qquad
\begin{array}{r} 4\,0\,6 \\ -\ 2\,5\,6 \\ \hline \end{array}
$$

$$
\begin{array}{r} 8\,4\,7 \\ -\ 2\,6\,6 \\ \hline \end{array}
\qquad
\begin{array}{r} 7\,5\,9 \\ -\ 1\,8\,4 \\ \hline \end{array}
\qquad
\begin{array}{r} 6\,3\,6 \\ -\ 4\,8\,5 \\ \hline \end{array}
\qquad
\begin{array}{r} 5\,2\,9 \\ -\ 4\,9\,2 \\ \hline \end{array}
\qquad
\begin{array}{r} 9\,3\,6 \\ -\ 3\,7\,5 \\ \hline \end{array}
\qquad
\begin{array}{r} 8\,1\,9 \\ -\ 5\,3\,8 \\ \hline \end{array}
$$

---

2 Rechne und kontrolliere deine Lösungen selbst.

a) 642 – 189

b) 715 – 341

c) 936 – 177

d) 504 – 253

e) 851 – 496

f) 728 – 545

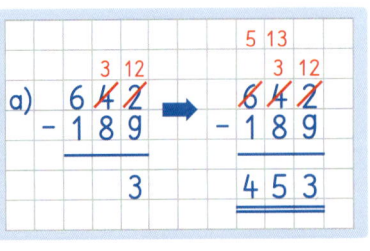

> Manchmal muss man zweimal wechseln!

Lösungen:

183	251	355
374	453	759

Schriftliche Subtraktion: Entbündelung der Hunderterstelle

Subtraktion: Abziehverfahren

Abziehverfahren: Mehrfaches Entbündeln

Lege 400. Nimm 135 weg.

Ich kann nicht 5 Einer wegnehmen.
Zehner habe ich auch keinen, also wechsle ich einen Hunderter!

Ein Hunderter und ein Zehner werden gewechselt.

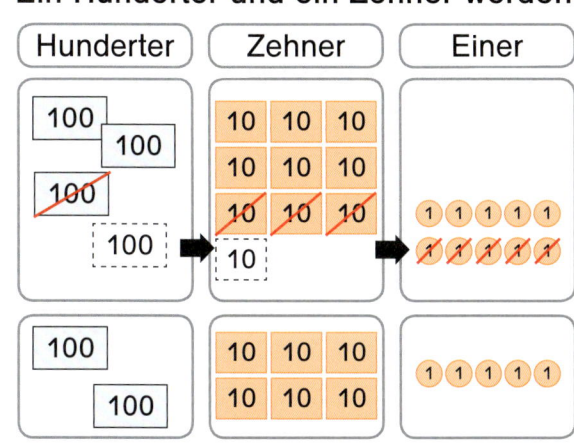

10 minus 5 ist gleich 5.

9 minus 3 ist gleich 6.

3 minus 1 ist gleich 2.

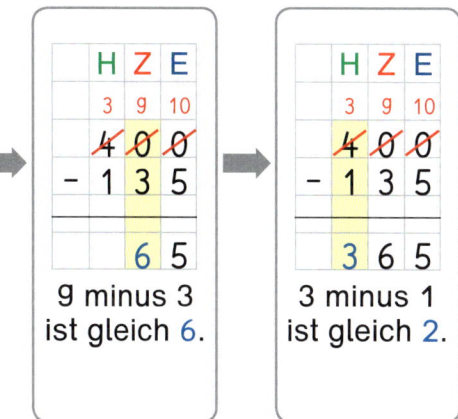

---

1   **Rechne.**

$$
\begin{array}{r} \overset{4\ 9\ 10}{5\,0\,0} \\ -\,1\,5\,8 \\ \hline \end{array}
\qquad
\begin{array}{r} \overset{6\ 9\ 12}{7\,0\,2} \\ -\,3\,6\,4 \\ \hline \end{array}
\qquad
\begin{array}{r} 9\,0\,0 \\ -\,5\,3\,4 \\ \hline \end{array}
\qquad
\begin{array}{r} 2\,0\,7 \\ -\ \ 6\,9 \\ \hline \end{array}
\qquad
\begin{array}{r} 6\,0\,5 \\ -\,1\,7\,8 \\ \hline \end{array}
\qquad
\begin{array}{r} 4\,0\,0 \\ -\,1\,8\,3 \\ \hline \end{array}
\qquad
\begin{array}{r} 8\,0\,1 \\ -\,5\,2\,6 \\ \hline \end{array}
$$

2   **Rechne und kontrolliere deine Lösungen selbst.**

a) 300 − 162

b) 704 − 286

c) 800 − 422

a)
$$
\begin{array}{r} \overset{2\ 9\ 10}{3\,0\,0} \\ -\,1\,6\,2 \\ \hline 1\,3\,8 \end{array}
$$

d) 503 − 159

e) 905 − 367

f) 700 − 482

g)   200 −   68

h)   601 − 154

i) 1000 − 253

Lösungen:

132	138	218
344	378	418
447	538	747

3   **Löse die Aufgaben mit Ronnis Trick.**

a)   800 − 263

b)   400 − 324

c) 1000 − 618

d) 1000 − 738

e)   900 − 482

a)
$$
\begin{array}{r} 8\,0\,0 \\ -\,2\,6\,3 \\ \hline \end{array}
\;\overset{-1}{\Longrightarrow}\;
\begin{array}{r} 7\,9\,9 \\ -\,2\,6\,2 \\ \hline 5\,3\,7 \end{array}
$$

Ich nehme oben und unten 1 weg.
Dann muss ich nichts mehr wechseln!

Fachbegriffe

Addition – addieren, plusrechnen

Statt plusrechnen kann
man auch addieren sagen.

Das Ergebnis der Addition
heißt Summe.

Beispiel:
Addiere die Zahlen 218 und 134.
218 + 134 = 351
Die Summe von 218 und 134 ist 352.

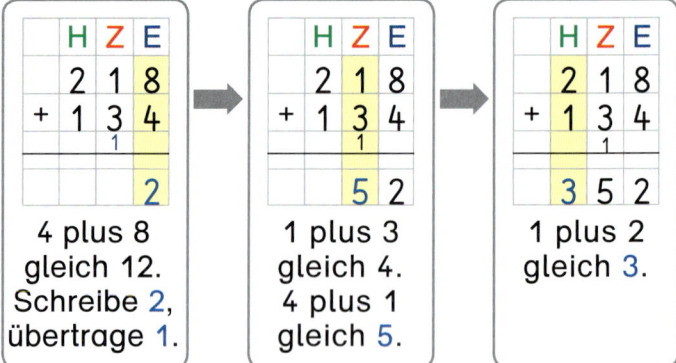

4 plus 8
gleich 12.
Schreibe 2,
übertrage 1.

1 plus 3
gleich 4.
4 plus 1
gleich 5.

1 plus 2
gleich 3.

Subtraktion – subtrahieren, minusrechnen

Statt minusrechnen kann
man auch subtrahieren sagen.

Das Ergebnis der Subtraktion
heißt Unterschied.

Beispiel:
Subtrahiere die Zahl 146 von 569.
569 – 146 = 423
Der Unterschied von 569 und 146 ist 423.

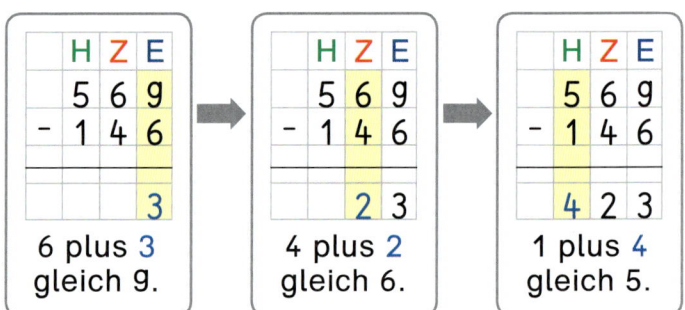

6 plus 3
gleich 9.

4 plus 2
gleich 6.

1 plus 4
gleich 5.

Multiplikation – multiplizieren, malrechnen

Statt malrechnen kann
man auch multiplizieren sagen.

Beispiel:
Multipliziere die Zahlen 2 und 4.

$$2 \cdot 4 = 8$$

Divison – dividieren, teilen

Statt teilen kann
man auch dividieren sagen.

Beispiel:
Dividiere die Zahl 12 durch 3.

$$12 : 3 = 4$$

Fachbegriffe

Längenmaße

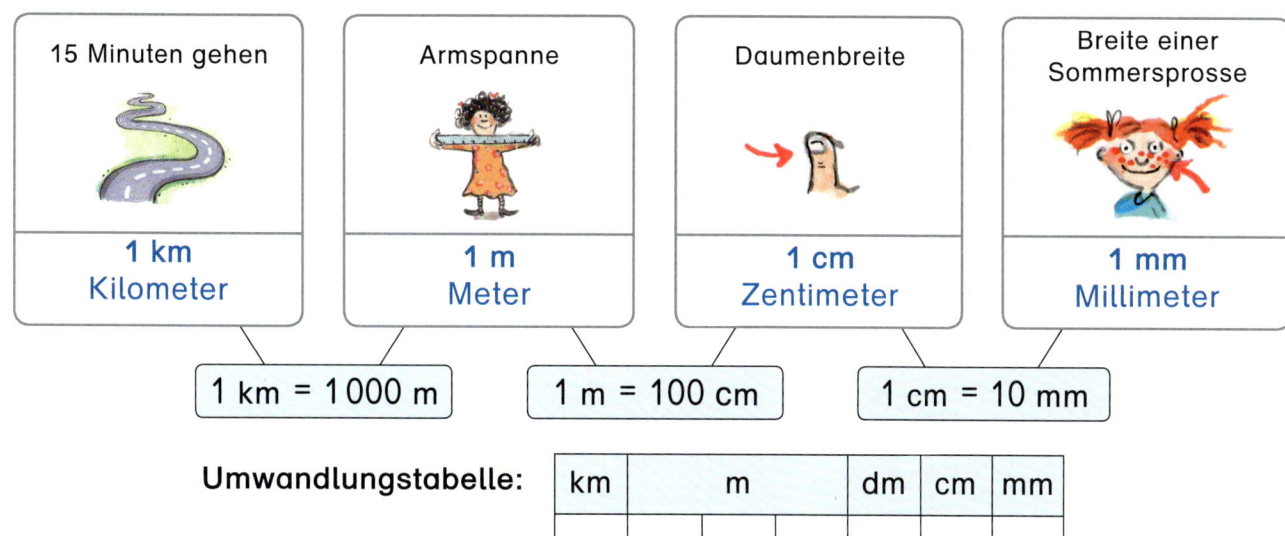

		15 Minuten gehen			Armspanne			Daumenbreite			Breite einer Sommersprosse

1 km Kilometer   **1 m** Meter   **1 cm** Zentimeter   **1 mm** Millimeter

1 km = 1000 m   1 m = 100 cm   1 cm = 10 mm

Umwandlungstabelle:

km	m	dm	cm	mm

Massenmaße

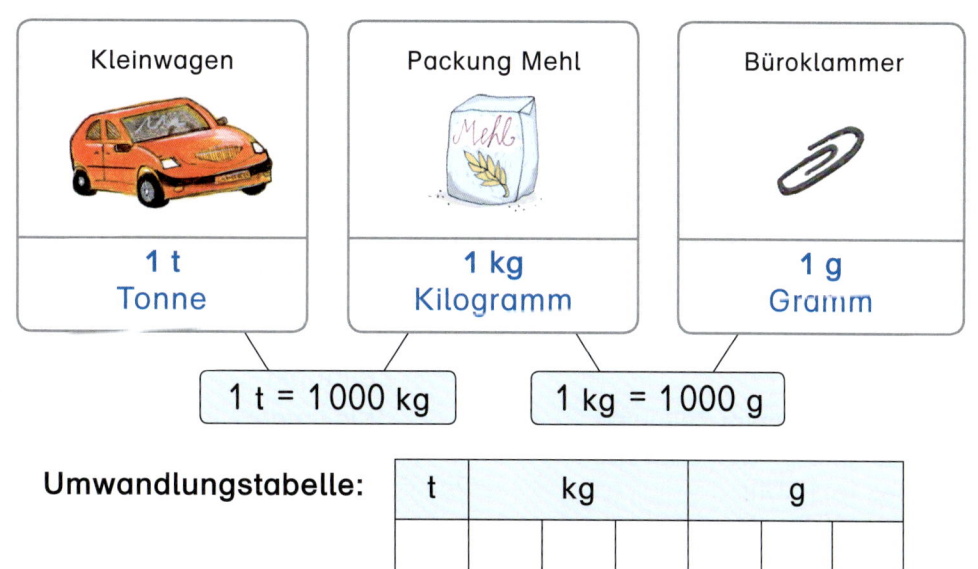

Kleinwagen   Packung Mehl   Büroklammer

1 t Tonne   **1 kg** Kilogramm   **1 g** Gramm

1 t = 1000 kg   1 kg = 1000 g

Umwandlungstabelle:

t	kg		g	

Geld

Euro und Cent

1 € = 100 ct

Unsere Währung heißt Euro. Für kleinere Geldbeträge verwendet man Cent.

Scheine und Münzen

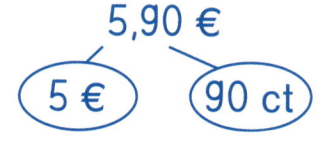

Geldscheine: 5 €, 10 €, 20 €, 50 €, 100 €, 200 €, 500 €

Münzen: 1 ct, 2 ct, 5 ct, 10 ct, 20 ct, 50 ct, 1 €, 2 €

Kommaschreibweise

5,90 €

5 €   90 ct

Das Komma trennt Euro und Cent.

Fachbegriffe

Grundformen

Kreis	Dreieck	Rechteck	Quadrat

Körper

Kugel	Würfel	Quader	Pyramide	Kegel	Zylinder
		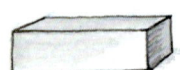	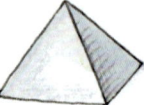		

Zeit

Tag
Ein Tag dauert 24 Stunden. Er beginnt und endet um Mitternacht.

Abkürzung: d

Stunde
Eine Stunde dauert 60 Minuten.

Abkürzung: h

Minute
Eine Minute dauert 60 Sekunden.

Abkürzung: min

Sekunde
Wenn du die Zahl einundzwanzig aussprichst, dauert das eine Sekunde.

Abkürzung: s

1 d = 24 h   1 h = 60 min   1 min = 60 s

Zeitpunkt
„Wann?" fragt nach einem Zeitpunkt.
Man kann mit einer Uhrzeit antworten.
Schreibweise: 16:10 Uhr
Sprechweise: 16 Uhr 10.

Zeitpunkt
„Wie lange?" fragt nach einer Zeitdauer.
Man antwortet mit Zeitspannen.
Schreibweise: 2 h 45 min
Sprechweise: 2 Stunden und 45 Minuten

Vergleichszeichen

ist gleich	ist kleiner als	ist größer als	ist ungefähr
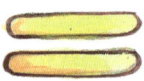		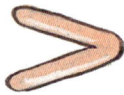	
4=4	4<6	4>1	18 ≈ 20
12=10+2	10<9+5	10>8−3	232 ≈ 200
3·5=15	8:2<7	7·7>7:7	
			vewendet man beim Runden